Instrucciones Practicas para los Cristianos

Por Josué I. Hernández

Instrucciones Practicas para los Cristianos

Por Josué I. Hernández

Wayne Partain
1714 W. 25th Street
Odessa, TX 79763
partainwayne@gmail.com

Tabla de contenido

"Amaos unos a otros entrañablemente"	5
Cava tu Pozo Antes de que Tengas Sed	8
Como Animales	11
Consejos Bíblicos para Triunfar Sobre las Dudas	14
Cosas por las Cuales No Debemos Orar	18
De Vuelta a lo Fundamental	21
Después del Baptismo, ¿Qué Hago?	25
Discípulos Verdaderos	27
Dos o Tres Testigos	29
El Aguijón de Pablo	32
El Buen Orden	36
El Callejón Sin Salida	39
El Camino, Error, Doctrina, de Balaam: "Predicar por Lucro"	41
El Cristiano y la Persecución	44
El Cristiano y la Sociedad	46
El Estándar de la Verdadera Espiritualidad y Fortaleza	48
El Rol del Gobierno Civil y la Responsabilidad del Individuo a Él	52
Enseñanza Bíblica de Calidad	56
"Estad en Paz con Todos"	58
¿Estamos Descuidando la Casa del Señor?	60
Evangelismo Personal: ¿Hay Algún Método?	64
"...He quí, el Sembrador Salió a Sembrar"	67
Huid de la Fornicación	69
Jesucristo, la Propiciación por Nuestros Pecados	74

La Batalla del Cristiano	77
La Buena Batalla de la Fe	79
La Desnudez Según Dios	81
La Gloria Venidera	85
La Gran Comisión	90
La Unidad y la División	92
Llamados a ser Santos	96
"Mas Yo Soy Carnal, Vendido al Pecado"	100
No Busco Mi Propio Beneficio	104
Nos Desmayamos	107
¿Pecado o Mala Sospecha?	110
¿Perseveraremos en el Pecado para que la Gracia Abunde?	112
¿Qué me Aprovecha ser Cristiano?	116
Renovación	118
Responsabilidades Colectivas	120
Responsabilidades del Cristiano	123
"¿Soy yo Acaso Guarda de mi Hermano?"	124
Tardos para Oír	126
"No os dejéis engañar, de Dios nadie se burla; pues todo lo que el hombre siembre, eso también segará."	128
Un Camino en la Voluntad de Dios	131
Una Caña Sacudida con el Viento	134
Una Fe que Mueve Montañas	136
Una Oración por Crecimiento Espiritual	138
Usando la Casa en el Servicio a Cristo	141

"Amaos unos a otros entrañablemente"
1 Pedro 1:22

Introducción

A. Una responsabilidad que tenemos como hijos obedientes (1 Ped. 1:14) es la de amarnos con sinceridad, fervor y pureza (1 Ped. 1:22-25).
   1. Pedro nos dice que esta es una razón por la cual hemos sido renacidos.
   2. Por lo tanto, el plan de Dios respecto al amor entrañable entre los hijos de Dios no es opcional.
B. Plan de estudio:
   1. La importancia del amor fraternal.
   2. La naturaleza del amor entrañable.
   3. ¿Cómo es posible el amor entrañable?

I. La importancia del amor fraternal.

A. Una demostración del verdadero discipulado, "Un mandamiento nuevo os doy: Que os améis unos a otros; como yo os he amado, que también os améis unos a otros. En esto conocerán todos que sois mis discípulos, si tuviereis amor los unos con los otros" (Jn. 13:34,35).
B. Una demostración de vitalidad espiritual, "Nosotros sabemos que hemos pasado de muerte a vida, en que amamos a los hermanos. El que no ama a su hermano, permanece en muerte" (1 Jn. 3:14).
C. Una demostración de filiación con Dios, "Amados, amémonos unos a otros; porque el amor es de Dios. Todo aquel que ama, es nacido de Dios, y conoce a Dios. El que no ama, no ha conocido a Dios; porque Dios es amor" (1 Jn. 4:7,8).

II. La naturaleza del amor fraternal.

A. "entrañablemente" (gr. "ektenos") "intensamente, fervientemente... la idea aquí sugerida es la de no desistir en el esfuerzo" (Vine). "Denota con un esfuerzo supremo, con cada músculo tensado" (David H. Wheaton).

1. Un amor persistente, "Y ante todo, tened entre vosotros ferviente amor; porque el amor cubrirá multitud de pecados" (1 Ped. 4:8).
2. Un amor permanente, "Permanezca el amor fraternal" (Heb. 13:1: cf. 1 Cor. 13:8,13).

B. Este amor también debe ser "sincero" y "puro".

1. Sincero (gr. "anupokritos"), "significa no fingido, sin fingimiento" (Vine).
   a. El amor no es un "espectáculo" o "actuación".
   b. "El amor sea sin fingimiento. Aborreced lo malo, seguid lo bueno" (cf. Rom. 12:9).
2. Puro (gr. "katharos"), "libre de mezclas impuras, sin tacha" (Vine).

III. ¿Cómo es posible el amor fraternal?

A. Es posible porque nuestras almas han sido purificadas, "Habiendo purificado vuestras almas por la obediencia a la verdad…" (1 Ped. 1:22).

1. Fuimos purificados al obedecer a la verdad (cf. Hech. 2:38; Rom. 2:8; 6:17; 2 Tes. 1:8; 1 Ped. 4:17).
2. Al seguir prestando atención a la verdad continuamos en pureza (cf. Ef. 4:20-24).

B. Es posible porque hemos nacido de nuevo, "siendo renacidos, no de simiente corruptible, sino de incorruptible, por la palabra de Dios que vive y permanece para siempre" (1 Ped. 1:23).

1. Un nuevo nacimiento por la palabra del evangelio (cf. 1 Ped. 1:25).
2. Ahora entendemos el amor de Dios (Jn. 3:16; 1 Jn. 3:16-18; 4:9,10).

C. Ahora:

1. Hemos recibido y aprendido el amor de Dios.
2. Podemos expresar este amor porque el amor de Dios nos motiva.

Conclusión

A. Si no amamos a los hermanos "entrañablemente, de corazón puro", tenemos uno de dos problemas:
  1. O nunca hemos sido purificados, es decir, nacidos de nuevo o "renacidos".
  2. O no hemos permitido que el amor de Dios nos motive.
B. Además de lo anterior, si no amamos a los hermanos "entrañablemente, de corazón puro", indicamos que:
  1. No somos verdaderos discípulos de Cristo.
  2. No poseemos vitalidad espiritual.
  3. No tenemos una saludable relación con Dios.
C. La pregunta del millón es, ¿nos amamos "unos a otros entrañablemente, de corazón puro"?

"Pero acerca del amor fraternal no tenéis necesidad de que os escriba, porque vosotros mismos habéis aprendido de Dios que os améis unos a otros; y también lo hacéis así con todos los hermanos que están por toda Macedonia. Pero os rogamos, hermanos, que abundéis en ello más y más" (1 Tes. 4:9,10).

Cava tu Pozo Antes
de que Tengas Sed

Introducción

A. Introducción

B. Nuestro título proviene de un libro escrito por Harvey Mackay, libro en el cual se ilustra la importancia de la preparación y prevención para sobrevivir y triunfar.

C. La frase "cava tu pozo antes de que tengas sed" ilustra un hecho sumamente importante para cada uno de nosotros.

1. No podemos esperar tener sed para comenzar a cavar un pozo.

2. Si alguno lo hace morirá antes de lograr tomar el agua que necesita.

D. Necesitamos entender la urgente necesidad de prepararnos para sobrevivir y triunfar.

1. No esperaremos tener de sed para recién despertar a la necesidad de agua.

2. No esperaremos tener sed para tomar medidas desesperadas.

3. Debemos estar cavando nuestro pozo ahora.

E. Plan de estudio:

1. La necesidad de un pozo.

2. Excavando nuestro pozo.

I. La necesidad de un pozo.

A. Se acercan diversos problemas:

1. Jesús advirtió de tales circunstancias, "Estas cosas os he hablado para que en mí tengáis paz. En el mundo tenéis tribulación; pero confiad, yo he vencido al mundo" (Jn. 16:33).

2. Pablo advertía a los cristianos, "Es necesario que a través de muchas tribulaciones entremos en el reino de Dios" (Hech. 14:22; cf. 2 Tim. 3:12).

3. Pero:
   a. No debemos sorprendernos, "Amados, no os sorprendáis del fuego de prueba que en medio de vosotros ha venido para probaros, como si alguna cosa extraña os estuviera aconteciendo" (1 Ped. 4:12, LBLA).
   b. Debemos regocijarnos, "Tened por sumo gozo, hermanos míos, el que os halléis en diversas pruebas, sabiendo que la prueba de vuestra fe produce paciencia, y que la paciencia tenga su perfecto resultado, para que seáis perfectos y completos, sin que os falte nada" (Sant. 1:2-4, LBLA).

B. Se acerca el tiempo de tentación:
   1. La vida cristiana es un período de muchas tentaciones:
      a. Debido a nuestro adversario el diablo (1 Ped. 5:8).
      b. Debido a nuestros deseos naturales, normales (Sant. 1:14).
      c. Debido a deseos carnales que puedan ser despertados (Mar. 7:21-23; 1 Jn. 2:15-17).
   2. Las tentaciones no deben ser tomadas a la ligera:
      a. Alguno podría endurecerse por "el engaño del pecado" (Heb. 3:12,13).
      b. Alguno podría apostatar en el tiempo de tentación, o ser ahogado por los afanes, las riquezas, y los placeres de la vida (Luc. 8:13,14).
      c. Una raíz de amargura podría contaminar a muchos (Heb. 12:15).

C. Se acerca el juicio final:
   1. El mundo será juzgado en el tribunal de Cristo, y cada uno dará cuenta de sí, y cada uno recibirá según lo que haya hecho mientras estaba en el cuerpo, sea bueno o sea malo (cf. Hech. 17:30,31; Rom. 14:10-12; 2 Cor. 5:10).
   2. Es un día de salvación y condenación
      a. "Venid, benditos de mi Padre, heredad el reino preparado para vosotros desde la fundación del mundo…" (Mat. 25:34).
      b. "Apartaos de mí, malditos, al fuego eterno que ha sido preparado para el diablo y sus ángeles…" (Mat. 25:41).

II. Excavando nuestro pozo

No podemos quedarnos con la buena intención, la buena idea, el buen deseo. Por lo tanto, debemos:

A. Llenarnos de esperanza (Rom. 5:1,2; 8:17; 12:12; 15:4,13; Tito 1:2; 1 Ped. 1:3-6,13).

B. Llenarnos de paz (Fil. 4:6-9; cf. Jn. 14:27; Rom. 15:13; 2 Cor. 13:11; Fil. 4:6,7).

C. Llenarnos de fuerza (Ef. 3:16; 6:10-18; Fil. 4:10-13; Col. 1:11).

D. Afianzar nuestra relación con Dios (cf. 1 Cor. 10:13; Rom. 8:28-39).

   1. Si somos sus hijos:

      a. Perseverando en oración (Mat. 6:13; 26:41; Col. 4:2; 1 Tes. 5:17; Heb. 4:14-16).

      b. Absorbiendo su palabra (Ef. 5:18,19; Col. 3:16).

      c. Ocupándonos de nuestra salvación (Fil. 2:12; 2 Ped. 1:10,11; 3:17,18)

      d. Arrepentirnos y confesar pecados (1 Jn. 1:9; 2:1; Sant. 5:16).

      e. Afianzar nuestra relación como hermanos (2 Cor. 1:3-5; 1 Tes. 4:18; 5:11,14; Heb. 3:12-14; 6:10-12; 10:24,25; 13:1).

   2. Si no somos de los hijos de Dios, debemos obedecer al evangelio (Mar. 16:15,16; Hech. 2:36-41), es decir, nacer de nuevo (Jn. 3:3-5; 1 Ped. 1:22-25) para ser "de la familia de Dios" (Ef. 2:19; cf. Heb. 3:16).

Conclusión

A. Así como en el tiempo de Isaac, cuando los pozos de su padre habían sido cubiertos por los filisteos (Gen. 26:15), los pozos de nuestro Padre celestial han sido cubiertos por nuestro enemigo, y necesitamos volver a cavar los pozos y perseverar hasta conseguir el agua (cf. Gen. 26:18-22).

B. Debemos trabajar por el agua de la vida (cf. Apoc. 22:16,17; cf. Jn. 4:13,14; 6:35; 7:37-39).

Como Animales

Introducción

A. El incrédulo usa de apelativos para burlarse de su prójimo. Sus comparaciones solamente procuran denigrar (ej. el bullying). ¿Resultado? Odio, depresión, venganza, suicidio, etc.

B. Muchas veces Dios nos enseña mediante lo conocido, aun cuando se trate de animales, o incluso, insectos (cf. Prov. 30:24-28; 6:6).

   1. La Biblia fue escrita en un tiempo en que los hombres estaban casi exclusivamente dedicados a la agricultura y a la vida pastoral, y por tanto, en comunicación constante con la naturaleza. Para ellos serían apropiadas las referencias al mundo animal y a las costumbres de los animales, y debido a la abundancia de animales eran abundantes las alusiones a ellos (cf. Mat. 6:26,28; 19:24).

   2. Dios usa de comparaciones con el mundo animal, para enseñar grandes lecciones. Esto no es extraño, considerando que lo creado nos predica un sermón (cf. Hech. 14:15-17; Rom. 1:20; Sal. 19:1)

C. De las muchas alusiones que encontramos en la Biblia sobre los animales, en esta lección consideraremos sólo unas pocas. Le toca al estudiante profundizar este apasionante tema.

I. Comparaciones para el pueblo de Dios

A. Caballo o mulo (Sal. 32:9).

B. Águilas (Is. 40:28-31)

C. Ovejas (Sal. 100:3; Jn. 10:11; 1 Ped. 2:25; 5:2,3,8; Rom. 8:36).

D. Serpientes y palomas (Mat. 10:16).

E. El pueblo de Dios vive en paz (Is. 11:6-9; 2 Cor. 5:17; cf. Gal. 5:15).

II. Comparaciones para el enemigo de la verdad

A. *"como bestias irracionales"*, sin dominio propio, entregados a sus pasiones, movidos por instinto (2 Ped. 2:12; cf. 2 Tim. 3:3).

B. Herodes como *"zorra"* (Luc. 13:32).
C. Perro, cerdo, puerca (animales inmundos):
   1. Que vuelven a sus hábitos pasados, despreciando la salvación en Cristo (2 Ped. 2:20-22).
   2. Que no disciernen el valor de *"lo santo"*, y son feroces (Mat. 7:6).
   3. *"Cuidaos de los perros"* (Fil. 3:2, LBLA).
      "Los judaizantes eran perros de dos patas, malignos, contenciosos, descontentos que "ladraban" su mensaje torcido y falso para trastornar las iglesias gentiles" (Wayne Partain, Notas sobre Filipenses).
   4. ¿Cuál será el destino de los perros (Apoc. 22:15)?
      a. "perros", una comparación elocuente para denunciar conducta inmunda
      b. Una metáfora potente para señalar a los inmundos, inmorales, que no han lavado sus ropas (Apoc. 24:14), y si lo hicieron, no han permanecido puros para con Dios (Apoc. 1:5; 3:4; 1 Jn. 1:7,9).
D. Lobos rapaces, feroces, voraces (Mat. 7:15; Hech. 20:29)
   1. *"que vienen a vosotros con vestidos de ovejas"*, es decir, tienen apariencia de piedad en actitud, porte y conducta general; pero, no solamente no son ovejas, sino que son los peores enemigos de las ovejas. No enseñan, ni practican, la verdad.
   2. *"Los lobos rapaces que entran en la iglesia hacen mucho más daño que los enemigos de afuera. La apostasía de la iglesia en los primeros siglos fue causada por los cambios hechos por los mismos ancianos; es decir, cambiaron el gobierno de la iglesia y de esos cambios resultaron las demás apostasías"* (Wayne Partain, Notas sobre Hechos).

Conclusión
A. ¿Cómo nos ve Cristo? *"como ovejas que no tienen pastor"* (Mat. 9:36, LBLA).
B. Hay sólo "un rebaño" y "un pastor" (Jn. 10:11,16; cf. 11:52; Ef. 2:14)
C. En el día final será notoria la diferencia, *"y serán reunidas delante de Él todas las naciones; y separará a unos de otros, como el*

pastor separa las ovejas de los cabritos. Y pondrá las ovejas a su derecha y los cabritos a su izquierda... Y éstos irán al castigo eterno, pero los justos a la vida eterna" (Mat. 25:32,33,46, LBLA)

Consejos Bíblicos para Triunfar
Sobre las Dudas

Introducción

A. En el contexto de pedir sabiduría, Santiago advierte que la duda hará imposible una respuesta positiva del Señor (Sant. 1:6,7).

B. Todos podemos pasar momentos de duda, y hay diferentes tipos o clases de duda, y diferentes clases de peligro asociados a los tipos de duda.

I. Vacilando entre dos opciones

A. Cuando Elías enfrentó a los profetas de Baal, desafió también a los infieles de Israel: "*Elías se acercó a todo el pueblo y dijo: ¿Hasta cuándo vacilaréis entre dos opiniones? Si el SEÑOR es Dios, seguidle; y si Baal, seguidle a él. Pero el pueblo no le respondió ni una palabra*" (1 Rey. 18:21, LBLA).

B. El tipo de duda descrita por Santiago es similar: "*Pero que la pida con fe, sin vacilar; porque el que vacila es semejante al oleaje del mar, agitado por el viento y zarandeado de una a otra parte*" (Sant. 1:6, JER).

C. DUDA

1. "Suspensión o indeterminación del ánimo entre dos juicios o dos decisiones, o bien acerca de un hecho o una noticia" (RAE).

2. Del griego "diakrino", significando "separar, distinguir, discriminar".

   a. "...y no dudare en su corazón" (Mar. 11:23).

   b. "...y no dudes de ir con ellos" (Hech. 10:20).

   c. "Tampoco dudó, por incredulidad, de la promesa de Dios..." (Rom. 4:20).

3. En Santiago 1:6 el hombre de doble ánimo está atrapado entre dos creencias sobre el mismo asunto, su duda es por incredulidad.

   a. Él duda cuando pide a Dios sabiduría.

   b. Actúa como si creyese y confiase en Dios.

c. Al mismo tiempo, no cree en el amor y poder de Dios.

II. Dos tipos y causas de la duda

A. Cuando hablamos de "duda", siempre hacemos alusión a la vacilación acerca de algo, la indeterminación entre dos juicios, e incluso la falta de convicción y firmeza.

   1. A menudo, dudar acerca de la honestidad o integridad de alguien, o las posibilidades que nos presentan las circunstancias o eventos.

   2. Respecto a Dios, alguno puede tener un cuestionamiento honesto y sincero, o presentar cuestionamientos escépticos por la falta de voluntad para creer.

B. ESCEPTICISMO – Falta de voluntad para creer.

   1. No toda falta de voluntad para creer será pecaminosa.

   2. Puede ser una disposición valiosa cuando se utiliza correctamente.

   3. Es nocivo cuando controla la mentalidad, manifestándose en una falta de voluntad para creer y aceptar (cf. 1 Ped. 2:8).

   4. Lo que incita el escepticismo, comúnmente, es aquello que:

      a. Contradice la experiencia normal y/o la evidencia del pasado.

      b. Demanda un cambio (Luc. 9:23).

      c. Parece irracional.

   5. En materia de fe debemos creer en cosas que:

      a. Sobrepasan la experiencia normal y la experiencia común.

      b. No parecen razonables según el criterio modernista.

      c. Demandan el arrepentimiento (Hech. 17:30,31).

C. CUESTIONAMIENTO HONESTO:

   1. Cómo funciona algo o falta de comprensión sobre algo.

   2. En materia de fe, la Biblia registra toda la verdad (Jud. 3; 2 Ped. 1:3).

      a. El cuestionamiento honesto no es la clase de duda que denuncia Santiago.

      b. No pecamos al realizar preguntas honestas, porque al disiparlas se fortalecerá nuestra fe (cf. Ef. 4:15).

III. Ejemplos de duda

A. Cuestionamiento honesto — Que no compromete la fe:
1. Abraham creyó a Dios (Gen. 15:6) aunque preguntó: "¿en qué conoceré que la he de heredar?" (15:8).
2. María creyó el anuncio de Gabriel a pesar de que preguntó: "¿Cómo será esto? pues no conozco varón" (Luc. 1:34).

B. Escepticismo — Falta de voluntad para creer, incredulidad:
1. Tomás no estaba dispuesto a creer la palabra de Dios, y el testimonio de otros, respecto a la resurrección de Cristo (Jn. 20:26-29).
2. Zacarías no estaba dispuesto a creer la palabra de Dios (Luc. 1:18,20).

IV. Los peligros de la duda

A. RECHAZAR TODO LO DESCONOCIDO COMO "FALSO".
1. Recordemos, un grado de escepticismo es necesario en muchas circunstancias de la vida.
2. Pero, si el escepticismo domina nuestro pensamiento nos moverá a rechazar todo lo que sea cierto.
3. Perder el alma por rechazar el evangelio (Rom. 1:16,17) será la consecuencia del escepticismo (2 Tes. 1:7-9; 2:9,10).

B. CUESTIONAR TODO, PERO NUNCA ESTAR RESUELTO.
1. El cuestionamiento es saludable, y se espera de una mentalidad juiciosa.
2. El cuestionamiento sólo tendrá valor si tiene como motivación excavar en busca de la verdad, para aceptarla y seguirla (Jn. 8:32).
3. El cuestionamiento por sí mismo no tiene valor práctico.
4. No hay virtud en vivir cuestionando sin llegar a una conclusión y resolución.

C. EXCESO DE CONFIANZA EN NUESTROS PUNTOS DE VISTA.
1. Nada garantiza que nuestra opinión sea correcta sólo porque es nuestra.
2. Podríamos confiar en nuestra opinión y estar equivocados (Hech. 26:9-11); podríamos actuar en base a la duda y pecar (cf. Rom. 14:14,23).

V. La decisión

A. Muchas veces el poder de la duda radica en la negación para tomar una decisión.

B. No podemos vivir vacilando y agradar a Dios (Sant. 1:6).

    1. Pedro comenzó a hundirse por dudar (Mat. 14:22-33).

    2. Los discípulos en Galilea superaron la duda (Mat. 28:16,17).

Conclusión

A. Recordemos:

    1. Hay diferentes clases de dudas y diferentes maneras en que nos pueden afectar.

    2. Es bueno ser escépticos con el error, o la mentira; pero es malo ser tan escépticos que rechacemos la verdad.

    3. Es bueno tener preguntas honestas; pero es malo no hacer aplicaciones prácticas a nuestra vida (no vestir la Escritura con ropa de trabajo).

    4. Es bueno confiar en que estamos haciendo lo bueno, y primeramente, creyendo lo bueno; pero es malo proceder en base a la duda o la simple opinión personal.

B. Consejos prácticos:

    1. Constantemente deje que la palabra de Dios sea sembrada en su corazón (2 Tim. 3:16,17).

    2. Ore siempre, constantemente (1 Tes. 5:17).

    3. Tómese todo el tiempo necesario para contar las muchas bendiciones que Dios ha hecho por nosotros en Cristo (Ef. 1:3; 2:4-10).

    4. Aférrese a lo que ya sabemos, evite la especulación, sea práctico (1 Cor. 4:6; 1 Ped. 4:11).

Varios puntos fueron tomados de la obra "Dealing with Doubts", escrita por Kyle Pope

Cosas por las Cuales
No Debemos Orar

Introducción
A. Los discípulos le pidieron al Señor que les enseñara a orar (Luc. 11:1).
   1. ¿Queremos nosotros crecer en la oración?
   2. La mayoría cree que no necesita consideración alguna al orar.
B. Por lo general se piensa que la oración consiste de lo que hemos de pedir, sin importar lo que pidamos.
   1. Pero, no toda oración será atendida por Dios. Él no puede ser manipulado.
   2. Hay cosas por las que no debemos orar.

I. Por cosas contrarias a la voluntad de Dios
A. Cuando oramos, debemos orar según la voluntad de Dios (1 Jn. 5:14,15).
   1. Debemos cerciorarnos de ser fieles (1 Jn. 3:22).
   2. Debemos presentar nuestras petición y ruego con confianza (Fil. 4:6).
   3. Pero, debemos estar dispuestos a que se haga la voluntad de Dios (Mat. 6:10; 26:39; 2 Cor. 12:7-10).
   4. ¿Por qué? Porque su voluntad es buena, agradable, y perfecta (2 Cor. 12:2).
B. La voluntad de Dios ha sido revelada (1 Cor. 2:10-12).
   1. Debemos orar por cosas que están en armonía con su palabra.
   2. Algunas cosas pueden estar más allá de lo revelado (cf. Deut. 29:29), pero *sin estar en conflicto con lo revelado*.
   3. Otras cosas estarán en conflicto directo con lo revelado, y tales oraciones Dios no las oirá (cf. Jer. 7:16; 14:11,12; 1 Jn. 5:16).

II. Por deleites egoístas

A. Santiago denunció a quienes rogaban con motivaciones equivocadas (Sant. 4:3).

    1. Pidieron conforme aquello a lo cual estaban esclavizados (cf. Tito 3:3).

    2. Cosas que los llevaban al pecado (Sant. 1:14,15),

B. Estas oraciones no se preocupan por cual será la voluntad de Dios, sino la propia voluntad.

    1. Tenemos que aprender a conformar nuestra voluntad con la voluntad de Dios (cf. 2 Cor. 10:5), y aceptar su divina voluntad (2 Cor. 12:10).

    2. Muchas cosas que nos benefician están en armonía con la voluntad de Dios (cf. Mat. 6:11; 1 Tim. 2:2). Sin embargo, la búsqueda de la satisfacción de deseos mundanales es pecado.

III. Por lo que no creo que Dios pueda hacer

A. Debemos pedir con fe, sin dudar (Sant. 1:6-8).

B. Debemos reconocer el gran poder de Dios (Ef. 3:20).

C. Debemos pedir con plena confianza (Mar. 11:22-24).

    1. Al que cree todo le es posible (Mar. 9:23).

    2. Pero, sucederá si es la voluntad de Dios (cf. Mat. 6:10; 1 Jn. 5:14,15).

IV. Por lo que yo debo hacer

A. Jesús enseñó a orar por el pan (Mat. 6:11).

B. Pero, nosotros debemos trabajar con perseverancia y sabiduría, aprovechando las oportunidades y el tiempo (2 Tes. 3:10; cf. Ecles. 9:10).

C. Dios no hará por nosotros, lo que debemos hacer por nosotros mismos.

    1. *"Llenad estas tinajas de agua"* (Jn. 2:7).

    2. *"Ve a lavarte en el estanque de Siloé"* (Jn. 9:7)

    3. *"Quitad la piedra"* (Jn. 11:39).

    4. *"El que creyere y fuere bautizado, será salvo" "Sed salvos de esta perversa generación"* (Mar. 16:16; Hech. 2:40).

5. *"ocupaos en vuestra salvación con temor y temblor"* (Fil. 2:12).

6. *"...guardaos, no sea que arrastrados por el error de los inicuos, caigáis de vuestra firmeza. Antes bien, creced en la gracia y el conocimiento de nuestro Señor y Salvador Jesucristo..."* (2 Ped. 3:17,18).

V. Por salvación aparte de la obediencia
A. La "oración del pecador".
B. La oración para que Dios perdone a pecadores rebeldes (cf. 1 Jn. 5:16).
C. Ciertamente, debemos orar para que otros sean salvos (Rom. 10:1), pero también debemos predicarles para que obedezcan al evangelio (Rom. 10:3,16).
   1. No hay salvación sin obedecer el evangelio (2 Tes. 1:8; 1 Ped. 4:17).
   2. La oración no sustituye la obediencia.

Conclusión
A. La oración es un gran privilegio que tenemos como pueblo de Dios, pero debemos orar como es debido
B. Debemos evitar orar por cosas que contradicen la revelada voluntad de Dios.

De Vuelta a lo Fundamental

Introducción

A. Una tendencia inquietante que se observa con demasiada frecuencia es la apatía de algunos cristianos.
1. Asisten a las reuniones, pero sólo hacen los movimientos por inercia.
2. Parecen llevar vidas de una silenciosa depresión.
3. Ciertamente, Dios desea más para sus hijos, "Y el Dios de esperanza os llene de todo gozo y paz en el creer, para que abundéis en esperanza por el poder del Espíritu Santo" (Rom. 15:13).

B. Podemos ilustrar el problema con un equipo de futbol que ha pasado por una mala racha, y está lidiando con la depresión.
1. Hacen los movimientos, pero no juegan dando el 100% de su potencial.
2. La solución del técnico siempre será trabajar en los fundamentos.

C. Así también los cristianos. Necesitamos volver a lo fundamental, es decir, repasar los conceptos más básicos, "Pero tengo contra ti, que has dejado tu primer amor. Recuerda, por tanto, de dónde has caído, y arrepiéntete, y haz las primeras obras; pues si no, vendré pronto a ti, y quitaré tu candelero de su lugar, si no te hubieres arrepentido" (Apoc. 2:4,5).

D. Plan de estudio:
1. Fe.
2. Esperanza.
3. Amor.
4. Gozo.
5. Paz.

I. Fe

A. Definiendo "fe" (Heb. 11:1).
    1. "convicción firme" (Vine).
    2. "confianza segura" (Copeland).

B. Valorando la fe:
    1. Esencial para agradar a Dios (Heb. 11:6).
    2. Esencial para encontrar el perdón y la vida eterna (Jn. 8:24; 20:30,31).
    3. Esencial para vencer las tribulaciones (cf. Mat. 14:30,31).

C. Energizando tu fe
    1. La palabra de Dios la produce (Rom. 10:17; Jn. 20:30,31).
    2. Vamos a corregir nuestra actitud (cf. 1 Tes. 2:13; Heb. 4:2).

II. Esperanza

A. Definiendo "esperanza"
    1. "la feliz anticipación del bien… una confiada espectativa" (Vine).
    2. No es una ilusión, un inseguro "eso espero".
    3. Involucra dos elementos, deseo y expectativa.

B. Valorando la esperanza:
    1. Esencial para perseverar (cf. Rom. 8:25; 1 Tes. 1:3).
    2. Esencial para purificarnos (1 Jn. 3:2,3).
    3. Esencial para la evangelización (1 Ped. 3:15).

C. Energizando tu esperanza
    1. La palabra de Dios la produce (Rom. 15:4).
    2. Vamos a corregir nuestra actitud (1 Ped. 1:13).

III. Amor

A. Definiendo "amor"
    1. Podemos conocerlo por sus hechos (1 Cor. 13:4-8).
    2. La mejor definición, "buena voluntad activa".

B. Valorando el amor
    1. Esencial para nuestra salvación (cf. 1 Jn. 3:14,18,19).
    2. Esencial al orar (1 Jn. 3:22,23).
    3. Esencial para permanecer en Dios y Dios en nosotros (1 Jn. 4:7,8,12,16).

C. Energizando tu amor
1. La palabra de Dios lo enseña (cf. 1 Tes. 4:9; 1 Jn. 3:16; 4:9-11).
2. Vamos a corregir nuestra actitud

IV. Gozo
A. Definiendo "gozo".
1. La palabra "gozo", del griego "chara", está estrechamente relacionada con la palabra griega "charis", que se traduce "gozo", siendo éste el resultado de la gracia, y produciendo, por lo tanto el placer, el deleite, el gozo.
2. El gozo es "la deleitosa respuesta a la gracia que recibimos de Dios".
B. Valorando el gozo.
1. El gozo es uno de los elementos esenciales de lo que constituye el reino de los cielos (Rom. 14:17).
2. El gozo aligera la carga de las pruebas de la vida (1 Ped. 1:6-9; Heb. 10:32-34).
C. Energizando tu gozo.
1. La doctrina de Cristo lo produce (Jn. 15:11; 1 Jn. 1:4).
2. La oración lo produce (Jn. 16:24).
3. El estudio bíblico diario energiza la fe, la esperanza, el amor y el gozo.

V. Paz
A. Definiendo "paz"
1. Describe "relaciones armónicas" (Vine), ya sean hombres, naciones, Dios y el hombre, el propio yo.
2. La falta de paz produce un estancamiento espiritual.
B. Valorando la paz
1. La paz es un elemento que constituye el reino de Dios (Rom. 14:17-19).
2. La paz con los hermanos contribuye a recibir la paz de Dios (2 Cor. 13:11).
3. La paz con Dios tiene un efecto positivo en nuestra paz con nuestros enemigos (Prov. 16:7).

C. Energizando tu paz
1. La justificación la produce (Rom. 5:1).
2. Es la respuesta a la oración ferviente (Fil. 4:6,7).

Conclusión

A. Son palabras sencillas, pero que indican virtudes tan esenciales que Jesús ofrece a los que vienen a él: "El ladrón no viene sino para hurtar y matar y destruir; yo he venido para que tengan vida, y para que la tengan en abundancia" (Jn. 10:10).
B. Restaurar los elementos básicos de la vida abundante depende de nosotros, porque Cristo ya los ha hecho posibles y Dios quiere dárnoslo.

Después del Baptismo, ¿Qué Hago?

Introducción

A. Maravillosas bendiciones son derramadas en abundancia sobre quienes obedecen al evangelio de Cristo:
1. Reciben el perdón de los pecados y el don del Espíritu Santo (Hech. 2:38,39), porque sus pecados son lavados en la sangre del Señor (Hech. 22:16).
2. Llegan a ser salvos en Cristo (Mar. 16:15,16).
3. Llegan a ser hijos de Dios (Gal. 3:26,27) en la familia de Dios (Ef. 2:19).
4. Se vuelven herederos según la esperanza de la vida eterna (Tito 3:7).

B. Sin embargo:
1. Deben ocuparse de su salvación (Fil. 2:12).
2. Deben hacer firme su vocación y elección (2 Ped. 1:10).
3. Deben permanecer fieles (Apoc. 2:10).

I. Cosas que el nuevo cristiano debe recordar

A. Es una nueva criatura (2 Cor. 5:7; Rom. 6:3,4).
B. Es un niño en Cristo (1 Cor. 3:1,2; Heb. 5:12-14; 1 Ped. 2:2).
C. Está en un período crítico, porque:
1. Como bebé podría ser fácilmente sacudido (Ef. 4:14).
2. Satanás está presto para usar de sus artimañas (cf. Mat. 13:20-22; Ef. 6:10,11; 1 Ped. 5:8).
D. Es posible que caiga
1. Si se endurece por el engaño del pecado (Heb. 3:12-14).
2. Especialmente cuando piensa que es fuerte (1 Cor. 10:12, 13).
E. Debe ser buen ejemplo (1 Tim. 4:12; Tito 2:7; 1 Ped. 2:12; 3:16).

II. Cosas que el nuevo cristiano debe hacer

A. Poner al Señor primero
1. Amarlo con todo el ser (Mar. 12:30).

    2.   Buscar primeramente su reino (Mat. 6:33).

B. Estudiar la palabra de Dios

    1.   Anhelarla como un niño anhela la leche (1 Ped. 2:2; cf. Sant. 1:21).

    2.   Emular a los bereanos en su actitud (Hech. 17:11).

C. Ser ferviente en la oración

    1.   Jesús ha hecho posible que nos acerquemos al trono de Dios (Heb. 4:14-16).

    2.   Maravillosas bendiciones vienen a través de la oración (Fil. 4:6,7; Col. 4:2).

D. Ser ferviente en congregarse

    1.   No debemos dejar de congregarnos (Heb. 10:24,25).

    2.   Las reuniones son un tiempo de edificación sin igual (cf. 1 Cor. 14:23,26).

E. Ayudar a salvar a otros

    1.   El Señor quiere que sus discípulos hagan más discípulos (Mat. 28:19,20).

    2.   Los diligentes en salvar a otros tienen más probabilidades de salvarse a sí mismos (1 Cor. 9:19-27).

    3.   Si alguno pierde el entusiasmo por salvar almas, puede perder el entusiasmo por salvar la suya propia.

Conclusión

A. Ciertamente hay cosas:

    1.   Qué recordar.

    2.   Qué hacer.

B. Todo cristiano debe cerciorarse de mantener vivo su primer amor (Apoc. 2:4,5).

Discípulos
Verdaderos

Introducción
A. Discípulo (cf. Mat. 5:1; Hech. 11:26):
1. Un aprendiz.
2. Uno que sigue la enseñanza de su maestro
B. Jesucristo quiere discípulos (Mat. 28:18-20). Pero, no todos pueden serlo.

I. El Compromiso del DISCÍPULO ES: Poner a Cristo PRIMERO.
A. Antes de la comodidad y los lazos familiares (Luc. 9:57- 62).
B. Antes de la familia, sí mismo, las posesiones (Luc. 14:25-33). La cruz tiene un solo propósito: ¡la muerte!
C. Antes de las posesiones materiales (Mat. 19:16-30).
D. Antes de nuestro propio cuerpo o lo que sea que nos impida servirle a él primero (Mar. 9:42-48).
E. Antes de las necesidades de la vida (Mat. 6:33).

II. Tres compromisos básicos del verdadero discípulo.
A. Su compromiso con la Palabra de Dios: PERMANECER EN ELLA (Jn. 8:31,32).
B. Su compromiso con el pueblo de Dios: EL AMOR (Jn. 13:34, 35).
C. Su compromiso con la Gloria de Dios: LLEVAR FRUTO (Jn. 15:8).
1. El fruto del Espíritu Santo (Gal. 5:22,23).
2. El fruto de almas redimidas por Cristo (Col. 1:3-8; Rom. 1:13-17).

Conclusión
A. El discípulo verdadero pone a Cristo primero antes que a sí mismo, porque él nos puso a nosotros y nuestro bienestar eterno antes que a sí mismo (Fil. 2:5-11).

B. ¿Está dispuesto a comprometerse como discípulo verdadero del Señor, poniéndole a él antes que todas las cosas?

Dos o Tres
Testigos
2 Corintios 13:1

Introducción

A. Aunque Pablo era hombre inspirado, él dejó la disciplina en manos de la iglesia local.

1. Pablo siempre sería imparcial, pero no podía hacer el trabajo de una iglesia local.

2. Aquí tenemos patrón de sanas palabras (2 Tim. 1:13). Debemos seguir el ejemplo del apóstol (cf. 1 Cor. 11:1; Fil. 4:9)

B. Había asuntos serios que resolver (2 Cor. 12:20)

1. Sin embargo, toda acusación debía ser probada por el testimonio de testigos competentes.

2. Si hay evidencia por testigos, "no seré indulgente" (2 Cor. 13:2).

I. Debemos aborrecer todo chisme, toda murmuración, toda calumnia

A. Dios lo aborrece (cf. Lev. 19:16; Prov. 10:18; 18:8; 26:20)

1. La lengua es un mundo de maldad (Sant. 3:6)

2. Está prohibido el murmurar y quejarnos (Sant. 4:11; 5:9)

B. Por el testimonio de dos o tres testigos se aplicó la pena de muerte (Heb. 10:28)

1. No tenía valor el dicho de un solo testigo (Num. 35:30).

2. Los testigos debían estar seguros de su acusación delante de Dios. Estaban totalmente involucrados en el proceso (Deut. 17:6,7)

C. Los que afirman que un testigo es suficiente creen ser más sabios que Dios, aun cuando a ellos no les gustaría ser juzgados así (cf. Deut. 19:15; 2 Cor. 13:1)

D. Deben evaluarse los testigos y su testimonio
1. ¿Son confiables? ¿Concuerdan entre sí? ¿Es realmente un pecado?
2. ¿Su testimonio es verídico (cf. Hech. 21:38)?

II. Cristo dijo, "dos o tres testigos"

A. Pecado personal
1. Si el ofensor no oye al ofendido (Mat. 18:15-17)
2. El ofendido y el ofensor son responsables (Mat. 5:23,24; 18:15)
B. Pecado público
1. La acusación contra hermanos debe ser probada formalmente (2 Cor. 13:1; cf. Jn. 7:24,51; 8:46; Hech. 21:28; 24:13)
2. La prueba aceptable "es la evidencia clara e irrefutable".
3. Los testigos deben coincidir en su testimonio (cf. Mar. 14:55-59)
C. *"No admitas acusación contra un anciano, a menos de que haya dos o tres testigos"* (1 Tim. 5:19). Otra vez: dos o tres testigos.
D. Por lo tanto: Las acusaciones sin prueba son malas sospechas (1 Tim. 6:4)
1. ¿Qué hacer si no puede probar la acusación? ¿Debemos continuar con el juicio del acusado?
2. Si realmente hay prueba, ¿no debe presentarse decentemente y con orden (1 Cor. 14:40)?
   a. Debe quedar constancia formal del testimonio, con nombre y apellido, de los testigos (2 Cor. 13:1; 1 Tim. 5:19).
   b. Los ancianos, o varones, deben reunirse y buscar la mejor forma de solucionar el problema sin parcialidad (cf. 1 Tim. 5:21; Luc. 20:21).
   c. El carácter de los testigos debe ser evaluado al igual que su testimonio. Debe existir claridad en los datos (fecha, lugar, personas involucradas) para que sean considerados verídicos.

E. ¿Qué debe recordar el acusador?
    1. La deuda del amor (Rom. 13:8-10; 1 Cor. 13:4-7)
    2. El juicio de Dios (Mat. 7:1,2)

Conclusión

A. Esta enseñanza es indispensable para protegernos de los chismes, rumores, calumnias, y malas sospechas (1 Tim. 6:4).

B. Si no hay evidencia, ¿por qué comentarlo (cf. 1 Tim. 3:11; 5:13; Tito 2:5; Ef. 4:31)?

El Aguijón
de Pablo

Introducción

A. El falso "evangelio" que muchos predican hoy:
1. Afirmaciones: "Los verdaderos cristianos no tienen que sufrir".
2. Testimonios: "Antes yo era pobre, ahora tengo dos casas y tres automóviles".
3. Apremio: "Si usted está sufriendo es porque está mal con Dios".

B. Conceptos erróneos:
1. Una visión sensual de la vida:
   a. El dolor es siempre malo, expone algún problema con Dios.
   b. El placer es siempre bueno, expone el agrado de Dios.
2. Consecuencia inmediata:
   a. Menosprecio hacia los que sufren.
   b. Actuar en base a lo que se siente, "*como Esaú, que por una sola comida vendió su primogenitura*" (Heb. 12:16).
3. Falta de comprensión bíblica.
   a. Siempre hay consecuencias por el pecado.
   b. Menospreciar la voluntad de Dios (cf. Heb. 12:5).
   c. Los cristianos fieles siempre han sufrido.
   d. Las pruebas son una ventaja para depender de Dios.
   e. Estamos limitados.

I. El aguijón de Pablo (2 Cor. 12:1-10).

A. Aguijón (gr. "skolops"): "*denotaba originalmente cualquier cosa aguzada, p.ej., una estaca; en vernáculo griego, una espina... Lo que se resalta es no el tamaño metafórico, sino la agudeza del sufrimiento y de sus efectos*" (VINE).

B. Consideraciones:

1. Para que los corintios no enaltecieran a Pablo, no le fue permitido al apóstol exponer los detalles de la visión celestial y la revelación directa de aquella ocasión.
2. Para que Pablo no se enalteciera, le fue dado un aguijón en la carne.
3. En vez de quitar éste aguijón, el Señor empoderó a Pablo para soportar y vencer.
4. El resultado: El apóstol aceptó la aflicción y se gozaba en ella porque le permitía depender totalmente de Dios recibiendo su poder.

C. Características del aguijón:
   1. No era consecuencia de algún pecado.
   2. Provenía de Satanás y era permitido por Dios.
   3. Era una condición crónica.
   4. Había afligido al apóstol durante un buen tiempo.
   5. No pudo quitarlo.
   6. No es identificado éste "aguijón"
      a. Los corintios lo sabían.
      b. Una definición más precisa del aguijón de Pablo impediría que aplicáramos su caso a nuestra vida.
      c. La misma falta de definición de éste aguijón es una bendición para nosotros. Un patrón para todo cristiano con aguijón.

D. La reacción de Pablo al aguijón:
   1. Deseó librarse de él.
   2. Oró fervientemente.
   3. No culpó a Dios.
   4. No se apartó del Señor.
   5. No se amargó.

E. La reacción de Pablo a la respuesta del Señor:
   1. Aprendió la paradójica lección (12:9):
      a. *"Bástate mi gracia"*.
      b. *"porque mi poder se perfecciona en la debilidad"*.
   2. Aceptó el aguijón.
   3. Se gloriaba en su debilidad: *"Por tanto, de buena gana me gloriaré más bien en mis debilidades, para que repose sobre mí el poder de Cristo"* (12:9).

4. Se gozaba en sus adversidades: *"Por lo cual, por amor a Cristo me gozo en las debilidades, en afrentas, en necesidades, en persecuciones, en angustias; porque cuando soy débil, entonces soy fuerte"* (12:10).

II. Nuestro aguijón

A. Tipos de aguijón:
   1. Condición física crónica.
   2. Persecuciones por la causa de Cristo.
   3. Problema socio económico.
   4. Circunstancia dolorosa, molesta, difícil y humillante.
B. El "aguijón" de Pablo no se aplica a las consecuencias de nuestros pecados
   1. Irresponsabilidad.
   2. Necedad.
   3. Desobediencia.
C. Debemos enfrentar nuestro aguijón con oración ferviente.
   1. Deseando que se haga la voluntad de Dios: *"Y esta es la confianza que tenemos en él, que si pedimos alguna cosa conforme a su voluntad, él nos oye"* (1 Jn. 5:14).
   2. Haciendo saber nuestra petición: *"Por nada estéis afanosos, sino sean conocidas vuestras peticiones delante de Dios en toda oración y ruego, con acción de gracias. Y la paz de Dios, que sobrepasa todo entendimiento, guardará vuestros corazones y vuestros pensamientos en Cristo Jesús"* (Fil. 4:6-7).
   3. Esperando que Dios conteste según su sabiduría.
D. Preguntas:
   1. ¿Está aprovechando su aguijón para acercarse más a Dios?
   2. Si éste aguijón se apartara de su vida ¿sería usted más dependiente de Dios?
   3. ¿Ha aprendido la lección que Pablo aprendió?

Conclusión

A. Nuestra sociedad es materialista y sensual.
   1. Cada problema debe tener una solución fácil y rápida.
   2. Exaltación de los derechos y las llamadas libertades civiles.
   3. Subvención de la flojera.

      4.   Un paraíso aquí en la tierra.

B. Dios no nos promete una vida sin problemas

      1.   Nos alumbrará con su palabra para que aceptemos los aguijones, nos gocemos en ellos y los superemos con el poder de Cristo.

      2.   El poder sustentador de Dios es mayor que lo que usa Satanás para afligirnos y abatirnos. Debemos aprender que en la debilidad humana se manifiesta el poder y la gracia de Dios.

C. Luchemos por llegar al cielo

      1.   *"Ya no tendrán hambre ni sed, y el sol no caerá más sobre ellos, ni calor alguno; porque el Cordero que está en medio del trono los pastoreará, y los guiará a fuentes de aguas de vida; y Dios enjugará toda lágrima de los ojos de ellos"* (Apoc. 7:16-17).

      2.   ¿Está luchando por llegar al cielo? Si no lo está haciendo, hoy puede comenzar.

El Buen Orden

Introducción

A. Hay desorden en muchas vidas, en muchas familias, en muchos gobiernos, y también, en muchas iglesias; y esto sucede por la desobediencia, porque todo desorden es consecuencia de la desobediencia y produce más desobediencia.

B. Entendiendo el orden:

1. Uso común:

   a. Manera de estar colocadas las cosas o las personas en el espacio o de sucederse los hechos en el tiempo, según un determinado criterio o una determinada norma.

   b. Situación o estado de normalidad o funcionamiento correcto de algo, en especial armonía en las relaciones humanas dentro de una colectividad.

2. Uso bíblico

   a. Orden (gr. "taxis"): Una organización, disposición, turno, arreglo en sucesión fija y tiempo fijo; involucrando, por lo tanto, una secuencia o sucesión establecida de actividades que se realizan una después de otra, y no todas al mismo tiempo.

      (1) "arreglos regulares" (Strong).

      (2) "turno, sucesión, lugar señalado a cada uno, armonía" (Tuggy).

      (3) "disposición, orden (relacionado con tasso, poner en orden). Se usa: de la sucesión fija del curso de los sacerdotes (Luc_1:8); de debido orden, en contraste con la confusión, en las reuniones de la iglesia en una localidad (1Cor. 14:40); de la condición general de las tales (Col. 2:5, algunos le dan ahí un significado militar)" (Vine).

   b. La buena enseñanza establece orden (1 Cor. 4:17; 14:23, 29,33,40).

      (1) Porque apela a la autoridad de Cristo (Mat. 28:18; Col. 3:17).

(2) Porque subordina a los obedientes a una doctrina uniforme (1 Cor. 4:17; 14:37; Jn. 12:48).
C. El orden asegura de parte de nuestro Dios:
   1. Aprobación (Mat. 6:33; Col. 2:5; Tito 2:10).
   2. Salvación (Heb. 5:9; 1 Jn. 5:3).

I. El Dios vivo es Dios de orden.

A. Algunos ejemplos en el Antiguo Testamento:
   1. Creación ordenada (Gen. 1:1,2; Sal. 104:30; Is. 45:18; Col. 1:15-20).
   2. Guerra ordenada (cf. Jos. 6:2-6; Jue. 7:1-25).
   3. Sacrificios ordenados (Lev. 1:7,8).
   4. Culto ordenado (cf. Heb. 8:5).
   5. Campamento ordenado (Num. 2:1-34).
   6. Fiestas ordenadas (Lev. 23:1-44).
B. Algunos ejemplos en el Nuevo Testamento:
   1. Cinco mil alimentados en orden (Mar. 6:40,43).
   2. Hogar ordenado (Ef. 5:22-24; 6:4; Tito 2:5).
   3. Gobierno ordenado (Rom. 13:1-7).
   4. Salvación ordenada (Rom. 2:8; 10:16; 2 Tes. 1:8; 1 Ped. 4:17).
   5. Disciplina ordenada (Mat. 18:15-17; 2 Cor. 13:1; 2 Tes. 3:6).
   6. Predicador ordenado (2 Tim. 1:13; 4:5).

II. Aborrecer el orden es aborrecer a Dios

A. Dios aprecia el buen orden, *"Porque aunque estoy ausente en el cuerpo, sin embargo estoy con vosotros en espíritu, regocijándome al ver vuestra buena disciplina y la estabilidad de vuestra fe en Cristo"* (Col. 2:5, LBLA; 1 Tim. 2:9; 3:2; Tito 1:5).
B. El Señor Jesucristo no quiere desordenados, *"Ahora bien, hermanos, os mandamos en el nombre de nuestro Señor Jesucristo, que os apartéis de todo hermano que ande desordenadamente, y no según la doctrina que recibisteis de nosotros"* (2 Tes. 3:6, LBLA).
C. Toda iglesia "de Cristo" debe mantenerse ordenada para el Señor, *"En cuanto al misterio de las siete estrellas que viste en mi mano derecha y de los siete candelabros de oro: las siete*

estrellas son los ángeles de las siete iglesias, y los siete candelabros son las siete iglesias" (Apoc. 1:20, LBLA; 2:1 - 3:22).

Conclusión

A. Debemos ordenar, y mantener ordenadas, nuestras vidas, "*Pero buscad primero su reino y su justicia, y todas estas cosas os serán añadidas*" (Mat. 6:33, LBLA).

B. Debemos corregir todo desorden, "Pon tu casa en orden" (2 Rey. 20:1).

C. ¿Es su vida una vida ordenada según Dios? Si no es así, hoy es día de salvación.

El Callejón
Sin Salida
Éxodo 14

Introducción

A. Ilustración: ¿Ha estado alguna vez en algún callejón sin salida? O, tal vez, ahora mismo está en un callejón sin salida. La Biblia nos cuenta de un momento en el cual todo Israel estuvo en un callejón sin salida (comentar el contexto).

B. ¿Qué podemos aprender de este acontecimiento? ¿Qué aplicaciones podemos hacer a nuestras vidas?

C. El propósito del presente sermón es sencillo.

I. "El callejón sin salida" es el lugar al que nos conduce Dios (v.1-4).

A. Por un mandato específico (v.1,2; cf. Mat. 14:22 y sig.).

B. Para sus santos y divinos propósitos (v.3,4; cf. Mat. 14:33; Mar. 6:51,52).

II. "El callejón sin salida" es el lugar en el que Dios nos prueba (v.4-9)

A. En el camino de la obediencia (v.2,3,4).

B. Permitiendo que nos alcancen circunstancias abrumadoras (v.5-9).

C. El caso de Pablo, en muchos callejones sin salida. Ejemplos:
  1. Listra (Hech. 14:8-20).
  2. Filipos (Hech. 16:6-40).
  3. Corinto (1 Cor. 2:3; Hech. 18:9-17).
  4. Éfeso (Hech. 19:23-41; 1 Cor. 15:31,32).

III. "El callejón sin salida" es el lugar en el que podríamos fallarle al Señor (v.10-12)

A. Por nuestra incredulidad (v.10).

B. Por nuestras quejas (v.11,12).

C. Debemos recordar que Dios está con su pueblo (cf. Jer. 20:11; Fil. 4:5,6; Heb. 13:5,6).

IV. "El callejón sin salida" es el lugar donde Dios actúa a nuestro favor (v.13,14)

A. En el momento adecuado (v.15-18).
B. Asumiendo el control (v.14,24,26,30).
C. Dios nos bendice por medio de su palabra (Is. 10,11; Heb. 4:12):
    1. "solamente dí la palabra" (Mat. 8:8).
    2. "en tu palabra echaré la red" (Luc. 5:5).
    3. Sus mandamientos no son gravosos (1 Jn. 5:3; cf. "Vé a lavarte en el estanque de Siloé", Jn. 9:7).
    4. Necesitamos el yugo de Cristo (Mat. 11:28-30).

Conclusión

A. Hemos aprendido que "el callejón sin salida"
    1. Es el lugar al que nos conduce Dios.
    2. Es el lugar en el cual Dios nos prueba.
    3. Es el lugar en el cual podríamos fallarle al Señor.
    4. Es el lugar en el cual Dios actúa a nuestro favor.
B. ¿Está usted en un callejón sin salida?
    1. Dios nos bendice por medio de su palabra.
    2. La solución es obedecer la palabra del Señor.
    3. "No temáis; estad firmes, y ved la salvación que Jehová hará hoy con vosotros" (Ex. 14:13).
    4. Hoy es día de salvación.

El Camino, Error, Doctrina, de Balaam
"Predicar por Lucro"
Num. 22-25

Introducción

A. Leer 2 Pedro 2:15,16; Judas 11; Apocalipsis 2:14
B. Lecciones que aprender (Rom. 15:4; 1 Cor. 10:11)
C. Contexto histórico:
  1. Israel cerca de Jericó, en los campos de Moab, listo para entrar en la Tierra Prometida (Num. 22:1).
  2. Balac, rey de Moab, anticipa la derrota (22:4).
  3. Balac dice a Balaam: Ven pues, ahora, te ruego, maldíceme este pueblo (22:6).
  4. Mensajeros enviados a Balaam con dádivas (22:7).
  5. Dios dijo a Balaam "no vayas con ellos; ni maldigas al pueblo, porque bendito es" (22:12).
  6. Balaam rehúsa ir con los mensajeros y rechaza sus ofertas (22:13).

I. Balac aumenta la oferta y prevalece

A. Balaam es tentado con una segunda oferta (22:16,17)
  1. Primero, su respuesta nos parece sabia (22:18)
  2. Pero, no estaba contento con lo que se le había revelado (22:19).
B. Entonces, Dios dijo a Balaam que fuera con los mensajeros (22:20)
  1. Pero, Dios se enojó con él porque iba en tal dirección (22:22).
  2. Dios permitió lo que no autorizaba con el fin de enseñar una lección.
  3. Dios nos permite hacer lo que queremos cuando buscamos seguir nuestro propio camino.
  4. Por ejemplo, Israel insistió en tener un rey humano como tenían las naciones vecinas (1 Sam. 8:5-7; Os.13:11).

C. Un ángel, enviado como adversario, le dice a Balaam que su camino es perverso (22:32).
   1. Balaam parece arrepentido (22:34)
   2. Balaam es enviado a bendecir a Israel al llegar a Moab (22:35)

II. Dios pone palabras en la boca de Balaam
A. Tres veces Balaam bendijo a Israel sin lograr maldecirle (23:7-10; 23:18-24; 24:3-9)
B. Balac se enojó (23:11,25; 24:10) y culpó a Dios (24:11).
C. Balaam respondió (24:13) y profetizó (24:15-24)

III. El camino de Balaam: Predicar por lucro
A. Su error: Buscar beneficios materiales por medio de la desobediencia a Dios (22:16,17).
   1. Dios quería la bendición para Israel, pero él quería maldecir al pueblo de Dios.
   2. Fue reprendido por una bestia de carga (2 Ped. 2:16).
   3. Su camino fue uno de avaricia y materialismo (cf. 1 Tim. 6:9,10).
B. Lecciones:
   1. Es difícil para el hombre el aprender el gozo del contentamiento (1 Tim. 6:6-8).
   2. ¿Sabe usted de algún caso en que una iglesia disciplinó a un avaro (cf. 1 Cor. 5:11)?
   3. La avaricia es idolatría y se menciona junto a la fornicación (Col. 3:5,6).
   4. El avaro está bajo maldición por su locura (cf. Jud. 11; 2 Ped. 2:16).
   5. Balaam procuraba agradar a los hombres (cf. Gal. 1:10; Num. 24:11).
   6. Jesucristo nos advierte de la avaricia (Luc. 12:15-20).

IV. La doctrina de Balaam
A. Balaam fue un profeta, un vocero de Dios (2 Ped. 2:16).
   1. Pero enseñaba según los deseos de la gente que le pagaría (cf. 2 Tim. 4:2-4)

2. Empleó la seducción para lograr sus fines (cf. Apoc. 2:14; Num. 25:1,2)

B. Un milagro no produjo fe y arrepentimiento (Num. 22:28-33; 2 Ped. 2:16).

    1. La fe viene por la palabra de Dios (Rom. 10:17; Hech. 15:7; 1 Cor. 1:21)

    2. La actitud ante la palabra de Dios hace la diferencia (Mat. 13:13-15).

    3. Si los milagros de la Biblia no son verdad, no podemos confiar en ella. No podemos tratar el relato como figurado sin destrozar la gramática del pasaje.

Conclusión

A. El fin de Balaam, muerto a espada (Num. 31:8).

B. Desde aquel día de su muerte permanece en angustia y tormento (cf. Luc. 16:25,28)

C. La paga del pecado es muerte, separación eterna en el infierno (Rom. 6:23).

D. ¿Cuándo aprenderemos la lección?

El Cristiano y la Persecución

Introducción

A. Pero, si Dios existe ¿por qué hay sufrimiento?

1. Este es un argumento emocional que no anula el argumento racional para la existencia de Dios.

2. El sufrimiento indica que hay algo mal en el mundo, no que Dios no exista.

3. En cuanto a la persecución, ésta es producto de la maldad por el libre albedrío de los enemigos de la fe.

4. Dios no es indiferente, y promete todo su amor y toda su ayuda (Rom. 8:31-39; 2 Cor. 12:9,10; Fil. 4:13).

   a. El Verbo tomó forma humana y participó de nuestras aflicciones y murió en la cruz (Jn. 1:1,9,14; 3:16), y simpatiza con nosotros (Heb. 4:15).

   b. Dios no nos ha abandonado (1 Ped. 5:7).

B. Si pudiéramos vivir sin sufrimiento, ¿cómo sería la vida terrenal dadas las presentes condiciones?

1. ¿No es el sufrimiento el que indica que ando anda mal? Imagine un enfermo grave sin dolor, una llaga que no duele, un hueso quebrado que no se siente, etc.

2. Si Dios interviniera y todo el sufrimiento fuese eliminado, ¿se eliminarían todos los problemas? Si se eliminaran todos los problemas, ¿habría responsabilidad?

3. No queremos sufrir, pero vivimos en un mundo caído (Gen. 3:17-19; 1 Cor. 15:21,22). Y en un mundo caído, la mayoría actúa mal (cf. Gen. 4:8; Mat. 24:12; Luc. 21:34-36; Rom. 13:11-14; Gal. 5:19-21).

C. No queremos sufrir, pero estamos en guerra (1 Tim. 6:12; 2 Tim. 2:3; 4:7)

1. Se imagina que el resultado inmediato de ser cristiano fuese no sufrir jamás, ¿cuánta gente amaría realmente a Dios con todo su corazón? ¿No es la persistencia un indicador del verdadero amor a pesar de la oposición?

2. Sólo tenemos dos opciones, y sólo una es la que nos lleva al cielo: Obedecer a Cristo a pesar de la persecución y el sufrimiento que nos ocasionan los incrédulos.

I. El pueblo de Dios siempre ha sufrido persecución (ej. Sal. 34:19; Mat. 5:10-12; Fil. 1:27-30; 1 Tes. 3:3; 2 Tim. 3:12).
A. No debemos sorprendernos (1 Ped. 4:12). Más bien debemos prepararnos.
B. Tras lo que nuestros ojos ven, hay un enemigo espiritual (1 Ped. 5:8).

II. Los que permanecen firmes siempre serán victoriosos
A. Debemos resistir firmes en la fe (1 Ped. 5:9).
B. Debemos fortalecernos en el Señor (Ef. 6:10-18).

Conclusión
A. Procurar agradar a todos para no sufrir persecución es perder la guerra sin ni siquiera sufrir una herida.
B. Cuestionar las circunstancias no soluciona el problema.
C. Aceptar la adversidad es un paso necesario, pero no lo es todo.
D. Estar firmes en Cristo, y pelear con valentía, nos asegura la victoria.

El Cristiano y la Sociedad
1 Pedro

Introducción
A. Escrita en el tiempo de Nerón y el gran incendio en Roma.
B. Escrita a santos perseguidos y atribulados (4:12; 5:8,9).
C. Sobresalen los conceptos de "sufrir", "paciencia" y "esperanza".
D. Esta carta apunta al buen propósito de las pruebas (1:6,7; 2:19, 20; 3:14; 4:14), las cuales deben ser:
 1. Esperadas (4:12).
 2. Sobrellevadas con paciencia (2:23; 3:9)
 3. Objeto de gozo (4:13).

Pedro nos recuerda…
A. Hemos sido renacidos (1:3, 22-25).
B. Hemos sido rescatados (1:18,19).
C. Para esperanza viva (1:3; 3:15).
D. Para anunciar las virtudes de Dios (2:9)
E. Para vivir conforme a la voluntad de Dios (4:2).

Por lo tanto, debemos…
A. Ser santos (1:16).
B. Desechar y desear (2:1-3).
C. Amar a los hermanos (1:22; 3:8; 4:8).
D. Mantener buena conducta y buena conciencia (2:12; 3:16).
E. Ser buenos administradores (4:10).
F. Humillarnos bajo la mano de Dios (5:6,7).
G. Ser sobrios, velar y resistir (5:8,9).

Dios quiere que el cristiano sea el mejor:
A. Vecino (3:9-12).
B. Ciudadano (2:13-17).
C. Trabajador (3:18).
D. Marido (3:7).

E.   Esposa (3:1-4).

Conclusión
A.   Los cristianos:
B.   Somos extranjeros y advenedizos (1:17; 2:11).
C.   Extraños al mundo (4:4).
D.   Padeciendo como cristianos (4:16).
E.   Si usted no es cristiano:
F.   ¿Quiere tener una "buena conciencia" (2:19; 3:16,21)?
G.   Hoy es día de salvación.

El Estándar de la Verdadera Espiritualidad y Fortaleza

Introducción

A. Cuando Samuel fue enviado a ungir al nuevo rey de Israel, aprendió que la medida de Dios es diferente a la medida que aplica el hombre (1 Sam. 16:6,7).

B. Lo mismo es cierto hoy en día. La medida de Dios para la verdadera espiritualidad y fortaleza es a menudo diferente a la aplicada por el hombre.

I. La medida humana

A. A menudo la espiritualidad y fortaleza se miden de la siguiente manera:

  1. La asistencia a los servicios de la iglesia

    a. Si asisten a todas las reuniones, son hermanos fieles.

    b. Si no asisten a todas las reuniones, son hermanos débiles.

  2. La participación en la obra local

    a. Si apoyan la obra local sin faltar a ningún compromiso, son hermanos fieles.

    b. Si por alguna razón faltan a un compromiso, son hermanos débiles.

  3. El liderazgo

    a. Los hombres son considerados espirituales y fuertes si:

      (1) Dirigen cantos, oraciones, y ayudan a servir la cena del Señor.

      (2) Enseñan clases y predican sermones.

    b. Las mujeres son consideradas espirituales y fuertes si:

      (1) Imparten clases de niños y de mujeres.

      (2) Ayudan a preparar los elementos de la cena del Señor y ayudan con el aseo del edificio.

  4. Otras cosas:

    a. La edad, con lo cual se supone que los más viejos son más espirituales.

      b. El tiempo en la iglesia, con lo cual se supone que los más antiguos son los más espirituales.

B. El problema con esta medida
  1. Se enfoca en el exterior
      a. Alguno podría hacer todas estas cosas, y aun así ser débil y carnal.
      b. Un hipócrita podría sentirse muy cómodo con esta medida.
      c. Los hermanos pueden fácilmente quedarse en la inmadurez espiritual si esta es la única medida que se aplica.
  2. Tiende a descuidar la naturaleza multifacética del cuerpo de Cristo.
      a. Sobre todo cuando se enfatizan las funciones públicas de las reuniones de la iglesia.
      b. Los miembros del cuerpo no tienen la misma función (cf. Rom. 12:3-8; Ef. 4:16).
  3. Esta medida le da mucha fuerza al juicio parcial y abre la puerta a muchos problemas (cf. Sant. 4:11,12).

II. La medida de Dios

A. Se encuentra en pasajes tales como:
  1. Gálatas 5:22,23
      a. Estas son las cualidades de la persona verdaderamente espiritual.
      b. Esta es la evidencia de que verdaderamente es guiado por el Espíritu Santo.
      c. Por supuesto, el espiritual está totalmente involucrado en las actividades de la iglesia local (ej. Gal. 6:1,2).
        (1) Se congrega, participa, y apoya fielmente.
        (2) Porque su hombre interior se va renovando primero.
  2. Colosenses 3:12-17
      a. Nuevamente, esta medida comienza con el hombre interior.
      b. Pero, se traslada a nuestra relación con los demás.

3. Considere otros pasajes indicados para:
   a. Predicadores
      (1) Fácilmente puede predicar un gran sermón a la vez que descuida su vida personal (1 Tim. 6:11; 2 Tim. 2:22).
      (2) Podría estar dispuesto a contender por la fe, pero con el espíritu incorrecto (1 Tim. 6:11; 2 Tim. 2:23-25).
   b. Ancianos
      (1) No son nuevos en la fe, están casados y tienen hijos fieles (cf. Tito 1:5,6).
      (2) Pero, ¿obedecen lo que dice Tito 1:7-9?
   c. Miembros en general
      (1) Pueden estar asistiendo fielmente a cada reunión de la iglesia, y ser de los antiguos.
      (2) Pero, ¿obedecen lo que dice Tito 2:1-8?
B. Los desafíos de esta medida
   1. Enfatiza la renovación y la transformación que complacen a Dios (cf. Rom. 12:2).
      a. Esta transformación toma tiempo, y requiere perseverancia, *"de gloria en gloria"* (2 Cor. 3:18), *"de día en día"* (2 Cor. 4:16).
      b. El ícono es Jesucristo, *"en la misma imagen"* (2 Cor. 3:18; cf. Rom. 8:29), *"a la medida de la estatura de la plenitud de Cristo"* (Ef. 4:13).
   2. Esta es una medida que muchas veces solo el Señor contempla
      a. Nos vemos por poco tiempo cada semana.
         (1) Alguno podría comportarse en cada reunión como los demás queremos que lo haga.
         (2) Pero, *"todas las cosas están desnudas y abiertas a los ojos de aquel a quien tenemos que dar cuenta"* (Heb. 4:13).
      b. Los hermanos que parecen "pasivos" pueden ser extremadamente activos.
         (1) Activos en el evangelismo personal.
         (2) Activos en su lucha contra el pecado.

(3) Activos en un servicio que pasa desapercibido a la mayoría.

(4) Activos en un ministerio fiel que el Señor siempre ve.

Conclusión

A. El propósito del presente estudio
  1. La precaución en la forma en que medimos a los demás.
  2. El cuidado al medirnos a nosotros mismos.
B. La declaración del Señor a Samuel todavía se aplica hoy, "*Pero el SEÑOR dijo a Samuel: No mires a su apariencia, ni a lo alto de su estatura, porque lo he desechado; pues Dios ve no como el hombre ve, pues el hombre mira la apariencia exterior, pero el SEÑOR mira el corazón*" (1 Sam. 16:7).
C. Asegurémonos de usar la medida que Dios usa.

El Rol del Gobierno Civil y la Responsabilidad del Individuo a Él

Introducción

A. Dios responsabiliza al gobierno de cierto rol en un ámbito definido. Esta responsabilidad gubernamental es diferente a la función de:

   1. La iglesia local: La institución designada por Cristo para la obra espiritual.

   2. La familia: El núcleo de la sociedad.

B. Dios responsabiliza al ciudadano de cierta conducta para con el gobierno.

   1. Dios espera que su pueblo sea sal de la tierra y luz del mundo (Mat. 5:13-16):

     a. Aunque pertenecemos a un reino espiritual (Jn. 18:36; Dan. 2:44).

     b. Y nuestra ciudadanía está en los cielos (Fil. 3:20).

     c. Y no somos de este mundo (Rom. 12:2).

     d. Debemos ser los mejores ciudadanos.

   2. La corriente va en contra, pero no debemos participar de la rebeldía civil (cf. Mat. 22:21; Rom. 13:7).

I. La función del gobierno

A. El gobierno es una institución divina (Rom. 13:1-7; 1 Ped. 2:13-17)

   1. Han existido diferentes tipos.

     a. No hay tipo de gobierno perfecto.

     b. Hay clases de gobierno mejores que otros.

   2. El gobierno de turno no debe ser resistido.

     a. Opone (gr. "antitasso"): *"originalmente término militar, poner en formación de batalla en contra de…"* (Vine).

     b. Resiste (gr. "anthistemi"): *"Ponerse en contra"* (Vine).

     c. Siervo (gr. "diakonos"): *"denota en primer lugar a un siervo, tanto si está efectuando un trabajo servil como si se trata de un asistente que da servicio de buena voluntad,*

sin referencia particular al carácter de este servicio"
(Vine).

    d. Servidores (gr. "leitourgos"): "*denotaba, entre los griegos, en primer lugar, a uno que desempeñaba un cargo público a sus propias expensas, y luego, en general, a un funcionario público, a un ministro... de los gobernantes terrenos, que aunque no todos ellos lo hagan conscientemente como servidores de Dios, desempeñan sin embargo unas funciones que son una ordenanza de Dios*" (Vine).

B. El rol que Dios ha asignado al gobierno (Rom. 13:1-7; 1 Ped. 2:13-17; 1 Tim. 2:1-3).

    1. Infundir temor y castigar al que hace lo malo (Rom. 13:3,4; 1 Ped. 2:14)

    2. Alabar y beneficiar al que hace lo bueno (Rom. 13:3,4; 1 Ped. 2:14).

    3. Crear un ambiente tranquilo y justo para los ciudadanos (1 Tim. 2:1-3).

        a. Quieta (gr. "eremos"): La tranquilidad por la ausencia de disturbio exterior: "indica una tranquilidad surgiendo desde afuera" (Vine)

        b. Reposadamente (gr. "jesuquios"): La tranquilidad interior: "adjetivo que significa tranquilo, apacible, pero denotando que la tranquilidad surge del interior, no causando perturbación a otros" (Vine).

        c. Proveer condiciones tranquilas y seguras en las cuales los ciudadanos tengan la libertad de vivir según los principios divinamente establecidos por Cristo (Rom. 13:1-10; Ef. 4:28; 1 Tes. 4:11).

C. El gobierno puede volverse ministro de Satanás (ej. Mat. 2:16; Apoc. 2:10; 13:7,8).

II. Los límites del gobierno

A. Determinar lo correcto e incorrecto.

B. Unir en matrimonio.

C. Disolver lo que Dios juntó.

D. Cumplir nuestras responsabilidades.

E. Premiar la flojera.

III. La responsabilidad del ciudadano para con el gobierno

A. Obedecer (Tito 3:1,2; Rom. 13:1,2,5; 1 Ped. 2:15-17)
   1. La obediencia no es incondicional (Hech. 5:29).
   2. Cristo es la máxima autoridad (Mat. 28:18).
B. Pagar, es decir, dar lo que se le debe (Rom. 13:6,7; Mat. 22:21)
   1. Tributo (gr. "foros"): *"denota tributo pagado por una nación que está sometida"* (Vine). *"especialmente el impuesto anual sobre casas, tierras y personas"* (Thayer).
   2. Impuesto (gr. "telos"): *"lo que se paga con fines públicos, una tasa... En Palestina los Herodes de Galilea y de Perea recibían los tributos; en Judea eran pagados al procurador e iba destinado al gobierno romano"* (Vine).
   3. Respeto (gr. "fobos"): *"temor, miedo, reverencia"* (Vine).
   4. Honra (gr. "time"): *"denota valoración, aprecio, honor"* (Vine).
C. Orar (1 Tim. 2:1,2; Esd. 6:10).

Conclusión

A. La gracia de Dios nos ha enseñado (Tito 2:11-14) y debemos dejar atrás lo que éramos sin tal enseñanza (Tito 3:1-3)
B. La palabra de Dios no es de aplicación eclesiástica, para ser practicada en algún recinto privado, y ser olvidada en el ambiente civil.
C. Hemos sido llamados por Dios a ser "sal de la tierra" y "luz del mundo", y en nuestro comportamiento civil debemos sentar el ejemplo a un mundo en tinieblas.

Cuestionario

1. Nombrar ocasiones cuando leyes malvadas fueron decretadas, y los justos tenían que desobedecer.

2. Dar ejemplos de justos que fueron desobedientes al malvado gobierno de turno.

3. Dar ejemplos de justos honrando el cargo a pesar de que el gobernante no era moralmente ejemplar.

4. Citar un pasaje donde el pueblo de Dios es llamado a someterse a pesar de estar sumido en una dictadura

5. ¿Por qué el gobierno está limitado a cierta área de acción? ¿Cuál es el rol del gobierno?

6. ¿Qué sistema de gobierno es perfecto?

7. Mencione tipos de gobierno en la historia bíblica.

8. ¿Qué esperanza nos podría dar la política? ¿Qué debe hacer el cristiano por el gobierno?

9. ¿Podría el cristiano orar para que Dios quite del poder a un tirano opresor? ¿Por qué?

10. ¿Por qué los esclavos debían subordinarse a sus amos terrenales (cf. Ef. 6:5-8; Tito 2:9,10)? ¿Estaría usted dispuesto a someterse bajo los mismos términos si el gobierno estableciera un régimen similar? Si no, ¿por qué no?

Enseñanza Bíblica de Calidad
Esdras 7:10

Tema: Principios básicos para la eficaz enseñanza de la Biblia en el ejemplo de Esdras.

Introducción
A. Nosotros deseamos enseñanza bíblica de calidad. Queremos aprender, y queremos buenos maestros, y los buenos maestros siguen el ejemplo de Esdras.
B. Pero, ¿qué aprendemos en el ejemplo de Esdras? ¿Es posible aplicar ese ejemplo?
C. El plan del presente sermón es sencillo.

I. Demanda preparación: *"Esdras había preparado su corazón"*.
A. La raíz de la conducta está en el corazón (cf. Jos. 1:8; Sal. 1:1,2)
B. "Porque cual es su pensamiento en su corazón, tal es él" (Prov. 23:7).
C. Consejos prácticos:
   1. Limpiar el corazón (Mar. 7:20-23; 1 Cor. 6:11; 2 Cor. 7:1).
   2. Guardar el corazón (Prov. 4:23).
   3. Servir al Señor con corazón recto (cf. Heb. 10:22; 1 Cron. 28:9).

II. Demanda enfoque: *"para inquirir la Ley de Jehová"*.
A. Todo buen maestro es primero un buen discípulo (Mat. 28:20; 2 Tim. 2:2; Ef. 4:15; Heb. 5:12).
B. Es nuestra responsabilidad escudriñar con un corazón sincero (Jn. 5:39; Hech. 17:11; 1 Cor. 14:29; Ef. 3:4; 5:17).

III. Demanda dedicación: *"y para cumplirla"*.
A. Todo buen maestro practica lo que enseña (cf. Rom. 2:21).
B. Debemos hacer arreglos personales primero (Mat. 7:5; Hech. 20:28; 1 Tim. 4:16).

IV. Demanda predicar sin reserva: *"y para enseñar en Israel sus estatutos y decretos".*

A. Todo buen maestro se ha preparado para enseñar la palabra de Dios.

   1. No solo prepara un sermón.

   2. Primeramente, ha preparado su vida.

B. La enseñanza sin preparación no es efectiva (cf. 1 Tim. 4:12,13, 15,16).

C. La enseñanza bíblica de calidad involucra todo el consejo de Dios (cf. Hech. 20:27).

Conclusión

A. La enseñanza bíblica de calidad demanda:

   1. Preparar el corazón.

   2. Escudriñar las Escrituras.

   3. Obedecer las Escrituras.

   4. Enseñar las Escrituras.

B. Preguntas:

   1. ¿Queremos aprender?

   2. ¿Queremos brindar enseñanza bíblica de calidad?

   3. ¿Qué tan dispuestos estamos a corregirnos?

C. Queremos brevemente enseñar algo: Plan de salvación.

"Estad en Paz
con Todos"
Romanos 12:18

I. ¿Es posible estar en paz con todos?
A. ¿A qué precio hemos de estar en paz (Rom. 12:18)?
B. El conflicto con algunos es ineludible (Mat. 10:34-37).
C. No ofender a Dios para estar en paz con alguno.
1. No violar la conciencia para estar en paz con alguno.
2. La paz sin la pureza es del diablo (Sant 3:17).
3. La paz involucra la santidad (Heb 12:14).

II. ¿Cuál es el contexto de este mandamiento (Rom. 12:17-21)?
A. "No paguéis mal por mal; procurad lo bueno…" (v.17)
B. "No os venguéis vosotros mismos…" (v.19,20).
C. Esta es conducta victoriosa: "…vence con el bien el mal…" (v.21).

III. Seguir lo que contribuye a la paz (Rom. 14:19; 15:13).
A. Debemos evitar toda actitud, palabra y hechos que no contribuyan a la paz.
B. Esto requiere cualidades espirituales de carácter (Gal 5:22,23; Fil. 4:5).
1. GENTILEZA. El adjetivo "gentileza" (gr. "epieikēs") de Filipenses 4:5 (RV1960) es traducido "amable" (1 Tim. 3:3; Tit. 3:2; Stg. 3:17) y "afables" en 1 Ped. 2:18. La falta de esta virtud ocasionará problemas (Fil. 4:2-5). En cambio, Cristo la manifestó a plenitud (2 Cor. 10:1; Fil. 2:5-8)
La palabra expresa la cualidad de la consideración que no peleará por los derechos de uno mismo, o por los estrictos términos de la ley, sino que considerará el bien del otro con equidad y honradez.
2. "busque la paz" (1 Ped. 3:10,11).
3. No insistir en los "derechos", opiniones, preferencias (1 Cor. 9:12)

      4. "agrado a todos, no procuro mi beneficio…" (1 Cor. 10:33).

      5. "Todo lo sufre…" (1 Cor. 13:4-7).

C. Mat 7:12 tratar a otros como uno quiere ser tratado.

      1. La práctica de esta regla cambiaría el mundo entero.

      2. Cárceles llenas de personas que no quieren practicarla.

      3. Debe ser practicada en el hogar, en la iglesia.

Conclusión

Los discípulos de Cristo son la luz del mundo, la sal de la tierra (Mat. 5:13-16).

D. Cristianos no deben ser ofensivos y repeler, sino atraer.

E. Algunos aborrecen las faltas de otros pero aman las suyas.

F. No toleran la imperfección en otros, pero en ellos sí.

G. Deben tener imán para atraer a otros a Cristo.

H. Para que en todo adornen la doctrina de Dios (Tito 2:10).

¿Estamos Descuidando la Casa del Señor?

Hageo 1:1-15

Introducción

A. Unos 600 años antes de Cristo, Judá fue llevada cautiva a Babilonia:
1. Jerusalén y su templo fueron destruidos y saqueados.
2. Setenta años después ocurrió el retorno.
B. La intención del Señor era que los judíos reconstruyeran el templo:
1. Despertó el espíritu de Ciro rey de Persia para que les permitiera hacer esto (Esd. 1:1-5).
2. "Desalentado por la oposición de sus vecinos (Esd. 4:1-5,24), el pueblo había llegado a la conclusión errónea de que todavía no era tiempo para que reconstruyeran el templo (Hag. 1:2). Con una pregunta incisiva, el Señor les recordó que no era correcto que vivieran en casas adornadas mientras el templo permanecía en ruinas (Hag. 1:4), y los urgió a considerar con cuidado las consecuencias de su indiferencia (Hag. 1:5-11)" (J. F. MacArthur).
3. Dios les habló mediante Hageo con un mensaje directo y sencillo: "¡Reconstruyan el templo!".
C. Plan de estudio:
1. El mensaje de Hageo.
2. La aplicación del mensaje de Hageo ("Y estas cosas les acontecieron como ejemplo, y están escritas para amonestarnos a nosotros, a quienes han alcanzado los fines de los siglos", 1 Cor. 10:11; cf. Rom. 15:4).

I. El mensaje de Hageo

A. El problema: La actitud de los judíos.
1. "Así ha hablado Jehová de los ejércitos, diciendo: Este pueblo dice: No ha llegado aún el tiempo, el tiempo de que la casa de Jehová sea reedificada" (Hag. 1:2).

2. Habían estado muy ocupados construyendo y disfrutando sus propias casas (Hag. 1:3,4,9).

B. La solución: La palabra de Dios.

1. "¿Es para vosotros tiempo, para vosotros, de habitar en vuestras casas artesonadas, y esta casa está desierta?" (Hag. 1:4).

2. "Pues así ha dicho Jehová de los ejércitos: Meditad bien sobre vuestros caminos" (Hag. 1:5).

   a. "Sembráis mucho, y recogéis poco; coméis, y no os saciáis; bebéis, y no quedáis satisfechos; os vestís, y no os calentáis; y el que trabaja a jornal recibe su jornal en saco roto" (Hag. 1:6).

   b. "Así ha dicho Jehová de los ejércitos: Meditad sobre vuestros caminos. Subid al monte, y traed madera, y reedificad la casa; y pondré en ella mi voluntad, y seré glorificado, ha dicho Jehová" (Hag. 1:7,8).

3. La disciplina del Señor:

   a. "Buscáis mucho, y halláis poco; y encerráis en casa, y yo lo disiparé en un soplo. ¿Por qué? dice Jehová de los ejércitos. Por cuanto mi casa está desierta, y cada uno de vosotros corre a su propia casa" (Hag. 1:9).

   b. "Por eso se detuvo de los cielos sobre vosotros la lluvia, y la tierra detuvo sus frutos. Y llamé la sequía sobre esta tierra, y sobre los montes, sobre el trigo, sobre el vino, sobre el aceite, sobre todo lo que la tierra produce, sobre los hombres y sobre las bestias, y sobre todo trabajo de manos" (Hag. 1:10,11).

C. La reacción del pueblo:

1. Temor: "Y oyó... todo el resto del pueblo, la voz de Jehová su Dios... y temió el pueblo delante de Jehová" (Hag. 1:12).

2. Acción: "y vinieron y trabajaron en la casa de Jehová de los ejércitos, su Dios" (Hag. 1:14).

D. La bendición de Dios:

1. Aliento: "Yo estoy con vosotros, dice Jehová" (Hag. 1:13).

2. Vivificación: "Y despertó Jehová... el espíritu de todo el resto del pueblo" (Hag. 1:14).

II. La aplicación del mensaje de Hageo

A. Enfrentamos una tarea similar:
   1. No es la construcción de un edificio físico
      a. Dios no habita en templos hechos por manos humanas (Hech. 17:24).
      b. El templo de Dios es su iglesia (1 Cor. 1:2; 3:16,17).
   2. El templo de Dios está en proceso de construcción
      a. El fundamento está puesto (cf. 1 Cor. 3:10,11; cf. Ef. 2:19-22).
      b. El edificio continúa creciendo a medida que almas se someten a Cristo (1 Cor. 3:5-9).
      c. Crece internamente a medida que los santos hacen su parte (Ef. 4:15,16; 1 Ped. 2:5).
B. El mensaje de Hageo sigue pertinente:
   1. ¿Está la casa del Señor a medio terminar mientras nosotros corremos a nuestra casa?
   2. La iglesia del Señor estará a medio terminar si:
      a. Permitimos que otras cosas nos quiten de nuestra responsabilidad evangelística.
      b. Descuidamos nuestra responsabilidad en edificar a nuestros hermanos (Heb. 10:24,25).
      c. Descuidamos la obra del ministerio (cf. Ef. 4:12; Gal. 6:9,10; Tito 2:14; 3:14; Sant. 1:27).
      d. Todos los miembros deben hacer su parte (cf. 1 Cor. 12:14-27).
         (1) Enseñar o servir (Rom. 12:3-8; 1 Ped. 4:10,11).
         (2) Enviar o ir (Rom. 10:14,15).

Conclusión

A. ¿Estamos descuidando la casa del Señor?
   1. "Yo serviré al Señor tan pronto que…"
      a. "termine mis estudios".
      b. "me cambie de trabajo".
      c. "termine de criar a mis hijos".
      d. "mi esposo me deje congregarme".
      e. "me sienta mejor".
      f. "jubile".

    2. Postergar el trabajo en la casa del Señor produce el mismo resultado:

        a. La casa del Señor estará a medio terminar.

        b. La obra del Señor estará debilitada, y tal vez, paralizada.

B. "Meditad bien sobre vuestros caminos" (Hag. 1:5,7).

    1. ¿No van las cosas como deberían?

    2. ¿Querrá el Señor que despertemos del sueño de la indiferencia?

C. Dios estará con los que temen a su palabra (Hag. 1:13).

    1. "Si, pues, nos examinásemos a nosotros mismos, no seríamos juzgados; mas siendo juzgados, somos castigados por el Señor, para que no seamos condenados con el mundo" (1 Cor. 11:31,32; cf. 2 Cor. 13:5).

    2. "Porque aún no habéis resistido hasta la sangre, combatiendo contra el pecado; y habéis ya olvidado la exhortación que como a hijos se os dirige, diciendo: Hijo mío, no menosprecies la disciplina del Señor, ni desmayes cuando eres reprendido por él; porque el Señor al que ama, disciplina, y azota a todo el que recibe por hijo" (Heb. 12:4-6).

D. Así como en el tiempo de Hageo, Dios y las cosas de Dios son primero: "Mas buscad primeramente el reino de Dios y su justicia, y todas estas cosas os serán añadidas" (Mat. 6:33).

Evangelismo Personal
¿Hay Algún Método?

Introducción

A. Nunca estamos más cerca de Cristo que cuando predicamos su evangelio:
   1. *"Porque el Hijo del Hombre vino a buscar y a salvar lo que se había perdido"* (Luc. 19:10)
   2. *"Y al ver las multitudes, tuvo compasión de ellas; porque estaban desamparadas y dispersas como ovejas que no tienen pastor"* (Mat. 9:36)

B. El ejemplo de Pablo: *"Verdad digo en Cristo, no miento, y mi conciencia me da testimonio en el Espíritu Santo, que tengo gran tristeza y continuo dolor en mi corazón. Porque deseara yo mismo ser anatema, separado de Cristo, por amor a mis hermanos, los que son mis parientes según la carne"* (Rom. 9:1-3; cf. 10:1)

C. Entonces, ¿cómo crear nuevas oportunidades para compartir el evangelio?
   1. ¿Hay algún método que podamos implementar para nuestra potenciar predicación?
   2. La inmensa mayoría de los cristianos llegaron al Señor a través de un cercano, un amigo, o un familiar.

D. Plan para esta lección: ¿Qué hacer para aumentar y aprovechar nuestras oportunidades de evangelismo?
   1. Aportar amor
   2. Hacer una lista
   3. Perseverar en la oración
   4. Vivir el evangelio
   5. Pedir "hora, fecha, y lugar".

I. Aportar amor: Ser una congregación amorosa.

"Un mandamiento nuevo os doy: Que os améis unos a otros; como yo os he amado, que también os améis unos a otros. En esto conocerán todos que sois mis discípulos, si tuviereis amor los unos con los otros" (Jn. 13:34,35)

A. Procurar conocernos mejor (cf. Hech. 2:42,46)
B. Practicar la hospitalidad (1 Ped. 4:8,9)
C. Visitar a los enfermos, a los nuevos en la fe, a los extraviados del camino.

II. Hacer una lista: Al hacer una lista ya tenemos un enfoque claro (cf. Hech. 1:8)

A. Empezar por los más cercanos
B. Incluir a los amigos, vecinos, conocidos

III. Perseverar en la oración a favor de los perdidos

A. *"orando también al mismo tiempo por nosotros, para que el Señor nos abra puerta para la palabra, a fin de dar a conocer el misterio de Cristo, por el cual también estoy preso, para que lo manifieste como debo hablar"* (Col. 4:3,4; cf. Apoc. 3:7,8; Ef. 6:19,20)
B. *"orad por nosotros, para que la palabra del Señor corra y sea glorificada"* (2 Tes. 3:1; cf. Sant. 1:5).
C. Es pecado no orar por todos los hombres (1 Tim. 2:1; cf. 1 Sam. 12:23)

IV. Vivir el evangelio: Practicar lo que predicamos.

A. Como extranjero y peregrino (1 Ped. 2:11,12; 3:15)
B. No conformados al mundo (Rom. 12:1,2; cf. 13:11-14)

V. Pedir "hora, fecha, y lugar"

A. Invitarles a las reuniones.
B. Incentivar que abran las puertas de su casa.
C. Entregarles material impreso, invitarles a oír el programa radial, darles información de sitios Web de hermanos.

Conclusión

A. *"Porque no me avergüenzo del evangelio, porque es poder de Dios para salvación a todo aquel que cree; al judío primeramente, y también al griego. Porque en el evangelio la justicia de Dios se revela por fe y para fe, como está escrito: Mas el justo por la fe vivirá"*(Rom. 1:16,17)

B. *"Pero los que fueron esparcidos iban por todas partes anunciando el evangelio"* (Hech. 8:4)

"...He quí, el Sembrador Salió a Sembrar"
Mat. 13:3

Introducción

A. Siempre son los oyentes los que determinan la eficacia de cualquier sermón. Un sermón será instructivo y útil, en un lugar, y "de mal gusto" en otro. Por lo general, la diferencia la hace el auditorio.

B. PARÁBOLA (gr. PARABOLE): Poner a un lado, comparar, una comparación. Cosas terrenales con un significado espiritual. El oyente debe captar la analogía. La parábola es un método de enseñar por medio de ilustraciones y comparaciones cotidianas.

I. Cuatro clases de corazones

A. La tierra junto al camino (Mat. 13:4; Luc. 8:5).

B. La tierra pedregosa (Mat. 13:5,6; Luc. 8:6).

C. La tierra espinosa, dividida (Mat. 13:7; Mar. 4:7; Luc. 8:7).

D. La buena tierra, suelta, profunda, fructífera (Mat. 13:8,9; Mar. 4:8).

II. Explicación y aplicación (Mat. 13:19-23).

A. El sembrador es el que siembra la palabra (Mar. 4:14).

B. La semilla es la palabra de Dios (Luc. 8:11; 1 Ped. 1:23).

C. Las diversas tierras representan diversos corazones:
   1. La tierra junto al camino: Corazón endurecido.
   2. La tierra pedregosa: Corazón superficial.
   3. La tierra espinosa: Corazón dividido.
   4. La buena tierra: Corazón bueno y recto.

D. ¿Cuál es la condición de mi corazón? ¿Cómo recibo la palabra de Dios? (Sant. 1:21,22).

Conclusión

A. Prediquemos con fe la palabra, y dejemos la responsabilidad a las personas que oyen.

B. No necesitamos otra cosa más que la palabra de Dios.

C. La palabra de Dios es poderosa en los buenos corazones.

D. Sigamos buscando a los de "buena tierra".

E. No sabemos quién es de buena tierra hasta predicarles y ver los resultados (frutos).

F. Los frutos dan a conocer el corazón de las personas (Mat. 7:15-16).

G. Procuremos vivir una vida fructífera delante de Dios.

Huid de la
Fornicación
1 Corintios 6:18

Introducción

A. Los cristianos de Corinto enfrentaban varios desafíos para vivir en santidad.
   1. La ciudad era conocida por su inmoralidad.
   2. El templo de Venus acogió a 1000 sacerdotisas dedicadas a la prostitución en nombre de la religión.
   3. Algunos cristinos en Corinto habían sido muy inmorales antes de su conversión (1 Cor. 6:9-11,18).

B. La amonestación de Pablo es igualmente importante hoy:
   1. La inmoralidad sexual es totalmente aceptable para muchos hoy en día.
   2. La moralidad se está redefiniendo (cf. Is. 5:20).
   3. Necesitamos tener una comprensión clara de lo que es correcto e incorrecto, y huir de la fornicación.

C. Plan de estudio:
   1. Definiendo la fornicación.
   2. Sufriendo por la fornicación.
   3. Venciendo la fornicación.

I. Definiendo la fornicación

A. Una palabra genérica para relaciones sexuales ilegítimas:
   1. Originalmente significaba "hacerle a la ramera" y de allí "permitir deseos ilícitos".
   2. "ayuntamiento o cópula carnal ilícito en general, sea con persona no casada o con casada. Incluye toda forma de ayuntamiento ilegal. Es el término extenso, o comprensivo. Adulterio es término más limitado. Todo adulterio es fornicación, pero no es adulterio toda fornicación. La fornicación se aplica al adulterio (que siempre envuelve a persona casada) en Oseas 2:2,4; Mateo 5:32; 19:9; es decir, los casados pueden cometer "fornicación." Fue fornicación

lo que se cometió entre aquel hombre y la esposa de su padre (1 Corintios 5:1). El adulterio (cópula carnal ilícita con la esposa de otro) se incluye en listas de pecados, juntamente con la fornicación (el término más comprensivo), porque es una forma específica de fornicación. (Gálatas 5:19; 1 Corintios 6:9; Mateo 15:19)" (Bill H. Reeves. Comentario sobre Romanos).

3. Como es usado en el Nuevo Testamento, encontramos que tiene al menos cuatro aspectos:
   a. Relación sexual antes de casarse (1 Cor. 7:1-2).
   b. Relación sexual que involucra el cónyuge de otro, el adulterio (Mat. 19:9).
   c. Todas las formas del sexo ilícito (1 Cor. 6:13-18; Jud. 7).
   d. Todas las formas de la prostitución (Apoc. 2:20-21).
   e. Toda clase de contacto sexual ilícito (sexo pre-marital, adulterio, homosexualidad, prostitución, incesto, bestialismo).

B. La fornicación llegó a ser reflejo de la vida en el primer siglo:
   1. "Mantenemos amantes por placer, concubinas para las necesidades diarias del cuerpo, pero tenemos esposas con el propósito de producir niños legítimamente y tener una guardiana confiable de nuestras casas" (Demóstenes).
   2. "Las mujeres romanas estaban casadas para divorciarse y estaban divorciadas para casarse. Algunas de ellas distinguieron los años, no por los nombres de los cónsules, sino por los nombres de sus esposos" (Séneca).
   3. "Calígula vivió en incesto con su hermana Drusila, y el deseo de Nerón que no tuvo respeto ni aun de su madre Agripina" (Suetonio).
   4. La actitud de las personas de aquellas culturas hacia "aquellos del mismo sexo":
      a. "Era mejor no necesitar matrimonio, sino seguir a Platón y a Sócrates y estar contento con el amor de los muchachos" (Luciano).
      b. "De los primeros quince emperadores, Claudio fue el único que probó que enamorarse era totalmente correcto" (Gibbons).

II. Sufriendo por la fornicación

A. Destruye el cuerpo (Prov. 5:11,12).

1. Clamidia (produce inflamación pélvica, impide el embarazo).
2. Sífilis.
3. Gonorrea (produce inflamación pélvica, impide el embarazo).
4. Herpes genital (no hay cura), 45 millones de norteamericanos lo padecen.
5. Ladillas (piojos púbicos).
6. Tricomoniasis
7. Hepatitis B,C
8. VIH
9. VPH (Virus del papiloma humano).
    a. No tiene cura, y no existe análisis para detectarlo.
    b. Queda latente de 10 a 14 años en el cuerpo humano.
    c. El 98% no tiene síntomas.
    d. Ha matado más mujeres que el VIH y el SIDA y se transmite 10 veces más rápido.
    e. Produce cáncer (cáncer cérvico uterino).
    f. Sólo en los Estados Unidos 20 millones tienen el VPH, y 6.200.000 se infectan cada año.
    g. El 26% de las mujeres en los Estados Unidos sufren el VPH.
    h. El 50% de los adolescentes sexualmente activos quedarán infectados.
    i. El 50% de las mujeres en los Estados Unidos sufrirá por la infección del VPH cuando llegue a los 50 años.
    j. Cada día 52.000 estadounidenses contraen VPH.
    k. Muchos que afirman saber mucho sobre sexo admiten no saber sobre el VPH.
    l. El 70% de los hombres sexualmente activos contraerá el VPH.
    m. Existen 100 diferentes tipos del virus VPH, 40 causan infecciones genitales, 18 tienen el potencial de ocasionar cáncer, 30 se transmiten sexualmente.

n. El embarazo no es la única consecuencia por la fornicación. Muchos están infectados con ETS y no lo saben. Si alguno se infecta con una ETS, puede sufrir por ella toda la vida.

o. Los condones no son seguros, funcionan hasta un 70% con el VIH, pero no reducen las infecciones. La mayoría de las ETS son virus y se transmiten por áreas húmedas del cuerpo que no son cubiertas por un condón. A su vez, el embarazo usando condón tiene una probabilidad del 30%.

B. Destruye a la familia y a la sociedad.

1. El adulterio es considerado inevitable, y aun aceptable por muchos (Mat. 19:9).

2. El divorcio ha sido hecho sin "considerarse culpable" (Mat. 5:32).

3. Las familias han sido hechas pedazos por el incesto.

4. La homosexualidad ha llegado a ser un "estilo de vida alternativo aceptable".

C. Destruye el alma.

1. Algunos viven sin perdonarse, y se recriminarán aún después de la muerte (cf. Prov. 5:11-13).

2. Corrompe el alma y avergüenza (Prov. 6:30-35).

3. Si no se arrepiente será eternamente condenado (1 Cor. 6:9,10; Gal. 5:19-21; Heb. 13:4).

III. Venciendo la fornicación

A. El ejemplo de José (Gen. 39:7-12)

1. Un joven que valoraba su relación con Dios (Gen. 39:9).

2. El consejo de Pablo (2 Tim. 2:22).

B. El consejo de Salomón (Prov. 5:15-23; Ecles. 9:9).

C. El pecado de David (2 Sam. 11:3-17)

1. Se arrepintió y confesó su pecado (cf. 2 Sam. 12:13; Sal. 51:1-4).

2. Sufrió consecuencias el resto de su vida (2 Sam. 12:9,10).

Conclusión

A. Debemos huir de la fornicación y sus efectos devastadores.
   1. Dios da la salida (1 Cor. 7:1,2)
   2. Dios perdona al que se arrepiente y obedece al evangelio:
      a. Ya sea un inconverso (Hech. 2:38; 22:16)
      b. Ya sea un hijo de Dios que ha caído (Hech. 8:22; 1 Jn. 1:9).
B. La fornicación es demasiado grave para tomarla a la ligera.
   1. Puede destruir tu cuerpo, tu familia y tu alma.
   2. Sin embargo, el perdón es posible (1 Cor. 6:11), aunque las consecuencias del pecado, por ejemplo, un embarazo indeseado o una ETS, o ambos, permanezcan.

Jesucristo, la Propiciación por Nuestros Pecados

Introducción

A. Cristo fue puesto como propiciación por nuestros pecados:

1. "a quien Dios puso como propiciación por medio de la fe en su sangre, para manifestar su justicia, a causa de haber pasado por alto, en su paciencia, los pecados pasados" (Rom. 3:25).

2. "Y él es la propiciación por nuestros pecados; y no solamente por los nuestros, sino también por los de todo el mundo" (1 Jn. 2:2).

3. "En esto consiste el amor: no en que nosotros hayamos amado a Dios, sino en que él nos amó a nosotros, y envió a su Hijo en propiciación por nuestros pecados" (1 Jn. 4:10)

B. ¿Qué es la propiciación?

1. JILASKOMAI "se usaba entre los griegos con el significado de hacer propicios a los dioses, apaciguar, propiciar, en tanto que no se concebía que la actitud natural de ellos fuera de buena voluntad, sino algo que se tenía que ganar" (VINE).

2. Es una ofrenda de "satisfacción", de "expiación" y "favorable".

   a. Propiciación Lleva en sí la idea de "mostrar misericordia".

   b. Los paganos ofrecían sacrificios para aplacar a sus dioses (mitigar su ira). En el N.T quien ofrece el perfecto sacrificio propiciatorio es Dios no el hombre.

I. La ira de Dios

A. "El que cree en el Hijo tiene vida eterna; pero el que no obedece al Hijo no verá la vida, sino que la ira de Dios permanece sobre él" (LBA Jn. 3:36)

B. "Pero por tu dureza y por tu corazón no arrepentido, atesoras para ti mismo ira para el día de la ira y de la revelación del justo juicio de Dios" (Rom. 2:5)

C. Cristo nos salva de la ira:

    1. "Mas Dios muestra su amor para con nosotros, en que siendo aún pecadores, Cristo murió por nosotros. Pues mucho más, estando ya justificados en su sangre, por él seremos salvos de la ira" (Rom. 5:8,9).

    2. "y esperar de los cielos a su Hijo, al cual resucitó de los muertos, a Jesús, quien nos libra de la ira venidera" (1 Tes. 1:10).

II. El dilema divino

A. SANTO: Aborrece el pecado (Rom. 1:18).

B. JUSTO: Debe castigar el pecado (Rom. 2:5-11).

C. AMOROSO: Desea salvarnos (Jn. 3:16).

III. La propiciación

A. "a quien Dios puso como propiciación por medio de la fe en su sangre, para manifestar su justicia, a causa de haber pasado por alto, en su paciencia, los pecados pasados" (Rom. 3:25; cf. 1 Jn. 2:2; 4:10).

B. Hechos de la propiciación:

    A. Legalmente, el pago por el pecado es la muerte (Rom. 6:23). El pecador bien puede morir por sus pecados, pero entonces no podría vivir para Dios y en comunión con Él.

    B. Dios en su gracia ha hecho por el pecador el pago necesario, en la muerte de su Hijo. *"uno murió por todos"* (2 Cor. 5:14). Jesús nos representa en este asunto al *"dar su vida en rescate por muchos"* (Mar. 10:45).

    C. Jesús llevó nuestros pecados (Heb. 9:28; 1 Ped. 2:24), es decir, Jesús llevó nuestra pena por el pecado, al gustar "la muerte por todos" (Heb. 2:9).

    D. Cristo en la cruz sufrió las penalidades de la ley violada. Esto explica porque Dios puede perdonar a un pecador y así aplacar su ira contra él.

E. La misericordia de Dios es ofrecida a base de que sea satisfecha la justicia. Las condiciones para alcanzar dicha misericordia son reveladas en el evangelio (Hech. 2:38; 8:37; 22:16).

Conclusión

A. Dios, en su gracia, entregó a Cristo como la propiciación que nos salva de la ira (Rom. 3:25).

B. Nadie podrá apreciar la gracia de Dios sin antes ver la santa ira de Dios (Jn. 3:36).

C. La ira de Dios es legalmente justa frente a los pecados de los hombres (1 Jn. 3:4).

D. La obediencia al evangelio nos pone en contacto con la sangre que Cristo derramó en la cruz (1 Ped. 1:19).

E. Entonces: "...*¿Perseveraremos en el pecado para que la gracia abunde?*" (Rom. 6:1).

La Batalla
del Cristiano
Efesios 6:10-18

Introducción
A. Ilustración: No es lo mismo saber acerca de la guerra, que haber vivido una guerra.
B. Estamos en medio de una guerra que comenzó en el jardín del Edén. Y estamos en uno de los dos bandos: nadie es neutral para con Cristo (Mat. 12:30).
   1. Debemos asegurarnos de estar en el bando correcto y peleando de la forma correcta.
   2. No sea que estemos peleando contra Cristo (cf. Hech. 9:4,5).
C. ¿Hay manera correcta de luchar en el ejército de Cristo? Y si la hay, ¿cuál es?
D. El plan del presente sermón es sencillo.

I. La conducta del cristiano (6:10-14)
A. Debe basarse en el poder del Señor (v.10; cf. 2 Cor. 12:9; Fil. 4:13; 1 Ped. 1:5).
B. Debe ser firme (v.11-14).

II. La armadura del cristiano (6:14-17)
A. Debe ser de carácter defensivo (v.14-17; cf. Mat. 10:16; Rom. 12:17-21; 1 Ped. 2:19,20; 3:16,17)
B. Debe ser también de carácter ofensivo (v.17; "escrito está", Mat. 4:4,7,10; cf. 2 Cor. 10:4-6; 2 Tim. 2:15).

III. La vida de oración del cristiano (v.18,19)
A. Debe ser persistente (cf. Col. 4:2; 1 Tes. 5:17)
B. Debe ser intercesora (cf. 2 Sam. 12:23; Col. 4:3,4; 1 Tim. 2:1,2).

Conclusión

A. ¡Estamos en guerra! Se requiere del buen soldado:
    1. Una conducta aprobada.
    2. Una armadura efectiva.
    3. Una vida de oración persistente.
B. Estamos en guerra.
    1. ¿Está enlistado en las filas de Jesucristo?
    2. ¿Está peleando a favor de Satanás?
C. Estamos en guerra, y debe aprender algo: Hoy es día de salvación.

La Buena Batalla
de la Fe

Introducción

A. La vida cristiana es una "buena batalla" (1 Tim. 6:12; cf. 2 Tim. 4:7; Ef. 6:11-18)
B. Para Cristo no hay neutralidad (Mat. 12:30)
C. Definiciones:
1. Pelea: Una acción concreta de contención.
2. Buena: Hermosa, honrosa, bien proporcionada, bella (cf. Luc. 21:5; Hech.27:8).
3. Batalla: Implicándose adversarios, enemigos.
4. Fe: La ley de Cristo, su evangelio.
D. Plan de este sermón:
1. Estamos en guerra.
2. Debemos usar toda la armadura de Dios.

I. Estamos en guerra

A. *"Batalla la buena batalla"* (texto griego; 1 Tim. 6:12)
1. Varias veces somos advertidos (1 Tim. 1:18; 2 Tim. 4:7; Col. 1:29; 1 Cor. 9:24-26).
2. Una buena, hermosa, batalla
   a. Para llevar cautivos a Cristo (2 Cor. 10:3-5).
   b. En la espera de nuestro General (Fil. 1:27,28; 3:20,21; 4:3).
   c. Por un buen motivo (Mat. 22:37-40).
B. "…batalla de la fe".
1. No "batalla de fe", o "por fe".
2. Esta "fe" es el evangelio de Cristo (2 Tim. 4:7)
3. Nótese el contraste entre la "batalla de la fe" y las cuestiones por las cuales pelean los malos hombres (1 Tim. 1:3-7; 6:3-5; 2 Tim. 4:3,4).

II. Debemos usar toda la armadura de Dios

A. Satanás usa de tácticas, artimañas

1. Mezclar el error con la verdad para que sea más plausible (Gen. 3:4,5; 3:22).
2. Citar textos bíblicos pero torcerlos para enseñar el error (Mat. 4:6; 2 Ped. 3:16).
3. Aparecer como ángel de luz, y presentar a sus ministros como ministros de justicia y aun como apóstoles de Cristo (2 Cor. 11:13-15)
4. Tratar de imitar a Dios, haciendo prodigios engañosos (2 Tes. 2:1-4; 2:9).
5. Sembrar cizaña entre el trigo (Mat. 13:39).
6. Convencer y animar a sus seguidores a pintar caricaturas ridículas de él para que la gente crea que en realidad él no existe, sino que "Satanás" es simplemente la invención de la imaginación humana.
7. Entrar en lugares (la iglesia) donde no se espera que entre (2 Tes. 2:4).
8. Prometer que el bien se realiza haciendo el mal (Luc. 4:6,7; Rom. 3:8).

B. Nuestra alma está en juego
   1. El campo de batalla es el corazón
   2. La batalla se gana o se pierde en el corazón

C. No se puede pelear sin armadura (conjunto de armas con que se revestían para su defensa los que iban a combatir).
   1. Necesitamos la armadura que provee Dios (Ef. 6:11-18)
   2. No se trata de conocer y analizar la armadura de Dios.
      a. Debemos usarla.
      b. Vestirla completamente (cf. Ef. 6:11,13)

Conclusión

A. Hay una batalla que debemos pelear
B. Hay una armadura que debemos usar
C. ¿Qué estamos haciendo en esta batalla?

La Desnudez
Según Dios

Introducción

A. No hay época del año en que más se peque al descubrir el cuerpo. La inmodestia y la falta de pudor son evidentes pecados de verano.

B. En el presente sermón, trataremos con tres interrogantes las cuales hayan su respuesta en las Escrituras:

1. ¿Quién ha de determinar lo que es correcto en cuanto a la desnudez?

2. ¿Qué dicen las Escrituras acerca de la desnudez?

3. ¿Qué ejemplos vemos de la correcta comprensión de la desnudez en el pueblo de Dios?

I. ¿quién ha de determinar lo que es correcto en cuanto a la desnudez?

A. El hombre no tiene la capacidad de establecer su propia norma moral.

1. El hombre necesita de la "autoridad" en materia espiritual. Nuestra propia naturaleza humana "necesita" y "exige" una Autoridad Superior.

2. El ser humano, fue creado como una agente moral "libre", capaz de distinguir el "bien" del "mal" y de elegir entre los dos (Gen. 2:15-17).

3. Mientras el hombre tiene la capacidad para hacer la distinción entre el bien y el mal, el hombre no tiene la autoridad de establecer la moral. La autoridad en el campo espiritual la establece Dios, por lo tanto, el hombre es capaz de distinguir y elegir, pero es Dios que gobierna al hombre (Jer. 10:23; Prov. 14:12).

B. Dios tiene la capacidad de determinar lo que es correcto en cuanto a la desnudez:

1. Dios es el Creador (Hech. 17:24-26; Gen. 1-2)

2. Dios sabe de nuestra necesidad de Su Autoridad y nos ha dado Su palabra para socorrernos y bendecirnos (2 Tim. 3:16,17).

C. Hay cosas que no cambian.
   1. Ha habido grandes cambios desde el Génesis hasta hoy…
   2. La moda ha cambiado a través de los tiempos… La modestia y el pudor no cambian (1 Tim. 2:9). Lo correcto no está sujeto al tiempo ni a la moda: "Lo correcto siempre es correcto, y lo incorrecto siempre es incorrecto" sin importar lo que piense la mayoría.
      a. **Modestia:** Cordura, sensatez, sobriedad, buen juicio, control de las pasiones y deseos.
      b. **Pudor:** Vergüenza, recato. Una persona con pudor se autodisciplina para no cometer un acto indigno.

II. ¿qué dicen las escrituras acerca de la desnudez? (Génesis 2–3)

A. El hombre y la mujer fueron creados desnudos (Gen. 2:22-25).
   1. Este hecho es admitido por todos, Adán y Eva no utilizaban ropa.
   2. Dios impuso que se vistieran luego de su pecado, Dios cubrió lo que sería malo que ellos descubrieran.

B. Luego del pecado Dios los vistió (Gen. 3:21).
   1. Ellos intentaron cubrirse y no pudieron, los delantales que confeccionaron (con hojas de higuera) aún descubrían su desnudez y ellos lo sabían (Gen. 3:7-11).
   2. Delantal: Faja que cubre la sección media del cuerpo.
   3. Túnica: Manto que cubre desde la zona del cuello hasta las rodillas. La zona cubierta por la túnica es "desnudez" según Dios, Él lo determinó.
   4. Dios cubrió en Adán y Eva la desnudez de sus cuerpos. De ahí en adelante, la desnudez tendría una connotación sexual (Lev. 18).

C. La razón por la cual Dios los vistió se debe a que ellos (Adán y Eva) entendieron la naturaleza sexual que Dios impuso a la desnudez.
   1. Comieron del "*árbol de la ciencia del bien y del mal*" (Gen. 2:15-17; 3:1-6).

2. Al comer del *"árbol de la ciencia del bien y del mal"* fueron abiertos sus ojos del entendimiento (Gen. 3:5, 7). Este acontecimiento *"representa un milagro repentino... recibieron una percepción instantánea. Vieron y conocieron"* (Comentario Bíblico MOODY).

3. Este conocimiento provino de Dios. Recordemos que el *"árbol de la ciencia del bien y del mal"* fue creado por Dios (Gen. 2:9). La reacción de Adán y Eva por cubrirse tan "desesperadamente", da a conocer el reflejo de la voluntad de Dios que habían adquirido.

4. Adán y Eva, pecando contra Dios y perdiendo la inocencia, entraron en el ámbito del conocimiento de lo bueno y de lo malo. Todo lo que hicieran desde ahí en adelante estaría en el ámbito de lo correcto y lo incorrecto. En cuanto a la desnudez, ésta sería algo malo, ya no podrían vivir desnudos como antes lo habían estado. Desde aquel entonces la desnudez tendría una connotación sexual.

III. ¿Qué ejemplos vemos de la correcta comprensión de la desnudez en el pueblo de Dios?

A. Noé y sus hijos: Génesis 9:20-23.

1. La embriaguez siempre ha degradado al hombre. Hemos de evitar las bebidas alcohólicas (Prov. 23:31). ¡No debemos pasar por la misma experiencia de Noé para aprender la lección!

2. Cam se comportó como muchos hoy en día que se deleitan en la desnudez de los demás. Cristo nos advirtió acerca del adulterio en el corazón (Mat. 5:27-28; 2 Ped. 2:14). Muchas mujeres no manifiestan *pudor y modestia* al vestirse (1 Tim. 2:9).

B. Los sacerdotes bajo la ley (Ex. 20:26; 28:42-43).

1. El pudor y la modestia es algo que no ha cambiado desde el Edén hasta hoy. La situación no fue distinta bajo el Antiguo Pacto. Los sacerdotes eran modelo para el pueblo, los sacerdotes con su enseñanza y conducta establecían un precedente de la voluntad de Dios en cuanto a cubrir la desnudez.

2. Vea Éxodo 28:42 en la versión Biblia de Jerusalén: "*Hazles también calzones de lino, para cubrir su desnudez desde la cintura hasta los muslos*" (Biblia de Jerusalén).

C. Pedro delante del Señor (Jn. 21:4-8).
   1. Pedro se había quitado su ropa externa para trabajar en la pesca.
   2. Cuando vio al Señor a la distancia, antes de ir a Él, se vistió de su manto del cual se había despojado.
   3. "*la palabra **gumnós** (desnudo) no quería decir "sin ropa alguna", sino que llevaba sólo el **chitón**, túnica (19:23), la ropa interior. Debe aclararse, sin embargo, que el chitón que la gente de aquel tiempo llevaba, cubría el cuerpo mejor que muchas "prendas" modernas (shorts, minifaldas, ropa transparente, etc.); por consiguiente, muchísimas personas que llevan "prendas" modernas andan desnudas, según la definición bíblica de la palabra*" (Notas Sobre Juan, por Wayne Partain).

Conclusión

A. Dios siendo nuestro Creador sabe lo que necesita el hombre:
   1. El hombre necesita "ropa" que cubra su desnudez.
   2. Dios nos ha provisto del conocimiento para saber cómo cubrirnos en su palabra.

B. Los argumentos en contra de lo que hemos aprendido son meras excusas:
   1. Si hay oposiciones hoy en día se debe a rebeldía a las normas morales de Dios.
   2. Muchos quieren andar desnudos o mirando la desnudez.

C. No podemos agradar a un Dios Santo si no somos santos en nuestra manera de vivir: ¿Se viste usted correctamente para cubrir su cuerpo? ¿Procura agradar a Dios con su manera de vestir?

D. Hay una "ropa" que debemos procurar y es la vestidura para nuestra alma, el cuerpo incorruptible (2 Corintios 5:2-4) ¿La está procurando usted? ¿Está viviendo como queriendo ir al cielo?

La Gloria
Venidera

Introducción

A. Enfocando nuestra atención en la gloria futura, o venidera, que en el pueblo de Dios ha de manifestarse (Rom. 8:18), dos gemidos se producen al unísono:
1. El gemido de la creación (v.22).
2. El gemido de los cristianos (v.23).

B. La creación aguarda la manifestación (gr. "apokalupsis", es decir, "revelación") de los hijos de Dios (v.19), en otras palabras, la libertad gloriosa de los hijos de Dios (v.21).

C. Varias preguntas surgen en la mente, por ejemplo, ¿cuál es la "creación" a la cual Pablo hace referencia? ¿Por qué gimen la creación y los cristianos? ¿Cuál es el plan de Dios en todo esto? ¿Hay lecciones prácticas para nosotros aquí?

D. Plan de estudio:
1. El anhelo de la creación.
2. El anhelo de los hijos de Dios.

I. El anhelo de la creación

A. ¿Qué es esta "creación"?
1. Varias opciones se han propuesto
   a. La creación material (animal y vegetal, animada e inanimada).
   b. La iglesia (la nueva creación).
   c. La humanidad general.
2. Creemos que Pablo señala a la humanidad inconversa:
   a. Las declaraciones respecto a esta "creación"
      (1) Que "será libertada" (Rom. 8:21) por medio del evangelio (Rom. 1:16,17; 6:17,18).
      (2) Que está sujeta a vanidad (Rom. 8:20).
      (3) Que no tiene "las primicias del Espíritu" (Rom. 8:23).

(4) Que anhela profundamente y gime por lo eterno (8:19,22).

b. El sustantivo "creación" (gr. "ktisis") se usa para referirse a la humanidad en pecado: "predicad el evangelio a toda criatura" (Mar. 16:15). "el evangelio… el cual se predica en toda la creación" (Col. 1:23).

(1) "Qué bendición es la resurrección a la inmortalidad, puede entenderse por esto, que el deseo más ferviente de la humanidad ha sido siempre obtener esa gloriosa vida eterna en el cuerpo, por la cual los hijos de Dios serán dados a conocer" (Macknight).

(2) "no se puede negar que hay anhelos profundos e incontenibles en el corazón humano por algo mejor que los pobres años de agonía y frustración en la tierra. Cuán ansiosamente buscan los hombres de ciencia derribar las fronteras de la muerte; con qué perseverancia se esfuerzan por extender la duración de la vida humana; ¡Y qué lamentable es la reacción de todo hombre ante las inevitables demandas de la tumba! Que toda esa agonía de frustración sea de hecho una "expectativa" mirando hacia la revelación de los hijos de Dios parece bastante razonable, siendo la tragedia más grande que, para los miles de millones no redimidos de la Tierra, esa expectativa no es más que una cosa subconsciente, que los lleva a buscar su fruto, no en el Señor Jesucristo, a través de quien sus esperanzas más atrevidas pueden convertirse en realidad, sino en los dispositivos inútiles e ineficaces que ellos mismos han ideado. Tal es la oscuridad de la tragedia épica de la humanidad, perdida en el pecado, sin Dios y sin esperanza en el mundo, hasta que se vuelvan al Señor Jesucristo" (J. B. Coffman).

(3) "Pablo habla del "anhelo ardiente" de la humanidad inconversa de ser inmortales, el deseo, por lo menos subconsciente, de tener algo mejor que esta vida

con sus frustraciones, sufrimientos y miseria en general. Todas las naciones han tenido sus teorías de cierta clase de existencia sublime más allá de la tumba. Por ejemplo, los indios de Oklahoma hablaban del "Happy Hunting Ground" (el Campo Feliz de Casería). Desde luego, los medios para lograr tal vida inmortal y sublime son sueños vacíos de la decepción" (W. Partain).

II. El anhelo de los hijos de Dios

A. La "gloria venidera que en nosotros ha de manifestarse" (Rom. 8:18).

1. Herencia: "Y si hijos, también herederos; herederos de Dios y coherederos con Cristo, si es que padecemos juntamente con él, para que juntamente con él seamos glorificados" (v.17).

   a. "Bendito el Dios y Padre de nuestro Señor Jesucristo, que según su grande misericordia nos hizo renacer para una esperanza viva, por la resurrección de Jesucristo de los muertos, para una herencia incorruptible, incontaminada e inmarcesible, reservada en los cielos para vosotros" (1 Ped. 1:3,4).

   b. "Porque esta leve tribulación momentánea produce en nosotros un cada vez más excelente y eterno peso de gloria" (2 Cor. 4:17).

2. Redención: "la redención de nuestro cuerpo" (v.23).

   a. "Mas nuestra ciudadanía está en los cielos, de donde también esperamos al Salvador, al Señor Jesucristo; el cual transformará el cuerpo de la humillación nuestra, para que sea semejante al cuerpo de la gloria suya, por el poder con el cual puede también sujetar a sí mismo todas las cosas" (Fil. 3:20,21).

   b. "Amados, ahora somos hijos de Dios, y aún no se ha manifestado lo que hemos de ser; pero sabemos que cuando él se manifieste, seremos semejantes a él, porque le veremos tal como él es" (1 Jn. 3:2).

3. Salvación (v.24).

B. Por lo cual:
   1. "gemimos" (v.23).
      a. "Por supuesto, ya nos hemos convertido en hijos de Dios; pero el efecto de la redención y la plena realización de la filiación aún están pendientes. Tenemos sólo las "primicias" del Espíritu, la prenda de vida en la gloria de Dios, pero la gloria misma en su plenitud aún no está aquí" (Emil Brunner).
      b. "A pesar de la naturaleza parcial e incompleta de la salvación de la que disfrutan los cristianos durante la vida presente, es sin embargo el fin y la totalidad de la vida. La palabra del Creador mismo está firmada en los títulos de propiedad de nuestra esperanza. La sangre de Cristo es suficiente para redimir; el amor de Dios por sus hijos finalmente prevalecerá; y la antigua promesa de Dios se cumplirá cuando "los redimidos del Señor" entren en su presencia "con cánticos de gozo eterno sobre sus cabezas, y la tristeza y el gemido huirán" (Is. 35:10)" (J. B. Coffman).
   2. "con paciencia lo aguardamos" (v.25).
      a. "Hermanos míos, tened por sumo gozo cuando os halléis en diversas pruebas, sabiendo que la prueba de vuestra fe produce paciencia. Mas tenga la paciencia su obra completa, para que seáis perfectos y cabales, sin que os falte cosa alguna" (Sant. 1:2-4).
      b. "Por tanto, hermanos, tened paciencia hasta la venida del Señor. Mirad cómo el labrador espera el precioso fruto de la tierra, aguardando con paciencia hasta que reciba la lluvia temprana y la tardía. Tened también vosotros paciencia, y afirmad vuestros corazones; porque la venida del Señor se acerca" (Sant. 5:7,8).
   3. "si es que padecemos juntamente con él, para que juntamente con él seamos glorificados" (v.17).
      a. "Pues para esto fuisteis llamados; porque también Cristo padeció por nosotros, dejándonos ejemplo, para que sigáis sus pisadas" (1 Ped. 2:21; cf. 4:13).

    b.   "Es necesario que a través de muchas tribulaciones entremos en el reino de Dios" (Hech. 14:22).

Conclusión

A.   "Lo que la humanidad inconversa desea es la inmortalidad, aunque sean ignorantes del medio de obtenerla. Es el objeto de su gemir como una mujer en el proceso de dar a luz. Anhelan lo que Cristo ofrece: la libertad de la esclavitud al pecado y de la corrupción al resucitarnos del sepulcro. Pero lamentablemente la gran mayoría de ellos nunca lo hallan porque solamente se obtiene por medio del evangelio de Cristo" (W. Partain).

B.   ¿Tiene usted esperanza de vida eterna con Dios?

La Gran
Comisión
Mateo 28:18-20

Introducción
A. El más grande suceso de la historia había ocurrido: La resurrección de Cristo.
B. La aparente derrota se transformó en triunfo.
C. Ahora hay un mensaje, una esperanza y una misión.

I. Lo que dijo Cristo
A. Afirmó que tiene "toda" autoridad.
  1. Su autoridad es patente en el cielo y también sobre la tierra (cf. Hech. 4:12).
  2. Tenemos sólo dos posibilidades, y sólo una nos conviene (cf. Sal. 2:1-12; 110:3).
B. Mandó a hacer discípulos a todas las naciones: "id" y "haced".
  1. Bautizándolos "en" (gr. "hacia") "el nombre" (un solo nombre, la Deidad).
  2. Enseñándoles: Hay un plan de enseñanza (cf. Jn. 6:44,45), y hay una Universidad (la iglesia local; cf. 1 Tim. 3:15; Ef. 4:11-12).
C. ¿A quién se lo dijo?
  1. A sus apóstoles, sus testigos (cf. Mar. 16:15,16; Luc. 24:46-49; Hech. 1:8).
  2. Los apóstoles establecieron congregaciones y las equiparon para la obra.
  3. Cada iglesia local predica lo que los apóstoles han enseñado (cf. 1 Cor. 4:17; 7:17; 11:2; 2 Tes. 2:15).

II. Lo que espera Cristo
A. Que aceptemos y respetemos su autoridad.
B. Que aceptemos a sus embajadores (cf. Luc. 10:16; Jn. 13:20).
C. Que prediquemos su palabra (cf. Col. 3:16; Hech. 8:4).
D. Que hagamos discípulos.

E.   Que seamos discípulos.
F.   Aplicaciones adicionales:
1.   Necesitamos autoridad (cf. Jue. 17:6; 21:25; Jer. 10:23; Prov. 14:12).
2.   No hay representante ("vicario") de la autoridad de Cristo.
3.   Tenemos a los apóstoles en sus escritos (cf. 1 Cor. 4:17; 14:37; Jud. 17)
4.   Cristo no enfatiza los "recursos" sino la predicación/enseñanza
     a.   No enfatiza el dinero, sino enseñanza.
     b.   No enfatiza el local, sino enseñanza.
     c.   No enfatiza la elocuencia, sino la enseñanza.
5.   Cristo autoriza recursos lícitos de ejecución (autoridad genérica)
     a.   Todo lo que permita cumplir con el mandamiento.
     b.   Todo lo que no reemplace o vulnere el mandamiento.
6.   En el plan de Cristo la unidad de acción sería la iglesia local.
     a.   El libro de los Hechos especifica cómo hacer la obra.
     b.   No necesitamos más que la iglesia local, ni menos que ella.
     c.   ¿Organizar encuentros "iglesia de Cristo" a nivel nacional? ¿Usar de instituciones "iglesia de Cristo" (institutos, orfanatos, misiones, etc.)? Todos los esfuerzos de hermanos liberales para congregar fuera del patrón del Nuevo Testamento son un menosprecio de la iglesia local y del plan de Cristo.

Conclusión
A.   Cristo fue muy claro en lo que dijo y en lo que espera.
B.   ¿Está usted trabajando por hacer la obra de Cristo?
C.   ¿Es usted un discípulo de Cristo?

La Unidad y la Division

Introducción

A. Una doctrina demoniaca:
  1. La doctrina llamada "unidad en la diversidad".
  2. Llamada "ecumenismo", entre las denominaciones.
  3. ¿Qué de nosotros? ¿Practicamos esta doctrina?
B. Unidad y división.
  1. El pueblo de Dios disfruta de la unidad en Cristo.
  2. A su vez, el pueblo de Dios no tiene comunión con los que practican el pecado o enseñan el error (Rom. 16:17,18; 1 Jn. 1:5,6; 2 Jn. 9-11).
C. Plan de estudio:
  1. Definiendo la unidad.
  2. Definiendo la división.

I. Definiendo la unidad

A. No podemos fabricar la unidad.
  1. Jesús habló de "un rebaño, y un pastor" (Jn. 10:16).
  2. Jesús oró fervientemente que los creyentes en él fueran uno (Jn. 17:20-23).
  3. Jesús murió por la unidad (Ef. 2:13-16).
  4. Jesús envió el Espíritu Santo para "la unidad del Espíritu" (Ef. 4:4-6).
  5. Jesús agrega a los salvos a su cuerpo (Hech. 2:47), "un cuerpo" (Ef. 4:4).
  6. Jesús dio dones a su iglesia para la unidad (Ef. 4:11-16).
  7. Los infieles son quitados:
     a. Ya sean individuos (Jn. 15:1,2,6).
     b. Ya sean congregaciones (Apoc. 2:5).
B. Manteniendo la unidad.
  1. Enfocándonos en la oración de Cristo.
     a. Tomamos muy en serio la oración de Cristo por la unidad (Jn. 17:20-23).

b. Algo que los corintios debían recordar, "Os ruego, pues, hermanos, por el nombre de nuestro Señor Jesucristo, que habléis todos una misma cosa, y que no haya entre vosotros divisiones, sino que estéis perfectamente unidos en una misma mente y en un mismo parecer" (1 Cor. 1:10).

2. Perseverando en la doctrina de los apóstoles de Cristo.

a. Esto es lo que caracterizó a la iglesia primitiva (Hech. 2:42).

b. La doctrina de los apóstoles fue aceptada como la palabra de Dios (1 Cor. 14:37; 1 Tes. 2:13).

3. Manteniendo y fomentando la unidad del Espíritu

a. "poniendo empeño en conservar la unidad del Espíritu con el vínculo de la paz" (Ef. 4:1-3, JER).

b. "Morará el lobo con el cordero, y el leopardo con el cabrito se acostará; el becerro y el león y la bestia doméstica andarán juntos, y un niño los pastoreará" (Is. 11:6-9; cf. 2 Cor. 5:17).

4. Desarrollando la mente de Cristo

a. "Nada hagáis por egoísmo o por vanagloria, sino que con actitud humilde cada uno de vosotros considere al otro como más importante que a sí mismo, no buscando cada uno sus propios intereses, sino más bien los intereses de los demás" (Fil. 2:3,4).

b. "Haya, pues, en vosotros esta actitud que hubo también en Cristo Jesús" (Fil. 2:5-8).

5. Evitando asociarnos con los infieles

a. Aquellos que causan divisiones (Rom. 16:17; 1 Tim. 6:3-5; Tito 3:10,11).

b. Aquellos que rehúsan arrepentirse (1 Cor. 5:11-13; 2 Tes. 3:6-14).

II. Definiendo la división

A. La división condenable

1. Por falta de amor (Jn. 13:34; Ef. 4:2,32; Heb. 10:24; cf. Gal. 5:13-15; 1 Jn. 3:15).

2. Por falsa doctrina (cf. 1 Tim. 1:18-20; 2 Tim. 2:17,18).

3. Por herejías (Gal. 5:20; 2 Ped. 2:1; Tito 3:10).

   Herejía (gr. "jairesis"), "aquello que es elegido, y, por ello, una opinión; especialmente una opinión voluntariosa, que toma el lugar del sometimiento al poder de la verdad, y que conduce a la división y a la formación de sectas… Tales opiniones erróneas son frecuentemente el resultado de la preferencia personal o de la esperanza de beneficio" (Vine).

B. La división aprobada

   1. La razón: Dios lo manda (Rom. 16:17-20).
      a. Cristo trajo división (Mat. 10:34-38).
      b. Sus discípulos permanecer en su palabra (Jn. 8:31,32).

   2. El propósito:
      a. Para que Dios nos reciba, "Por lo cual, salid de en medio de ellos, y apartaos, dice el Señor, y no toquéis lo inmundo; y yo os recibiré, y seré para vosotros por Padre, y vosotros me seréis hijos e hijas, dice el Señor Todopoderoso" (2 Cor. 6:17,18).
      b. Para andar en santidad, "Así que, amados, puesto que tenemos tales promesas, limpiémonos de toda contaminación de carne y de espíritu, perfeccionando la santidad en el temor de Dios" (2 Cor. 7:1).
      c. Para ser aprobados, "Porque es preciso que entre vosotros haya disensiones, para que se hagan manifiestos entre vosotros los que son aprobados" (1 Cor. 11:19; 2 Tim. 2:19).

Conclusión

A. Debemos luchar por fomentar y mantener la unidad por la cual Cristo murió y oró.

B. Aquellos que respetan los esfuerzos de Jesucristo seguirán el camino de la unidad del Espíritu en el vínculo de la paz.

   1. Al permanecer en la palabra de Cristo, desarrollando su carácter.

   2. Preservando su verdad, y apartándose de aquellos que no lo hacen.

Importante: La base de la unidad es la palabra de verdad (Jn. 17:6,8, 14,17,20,21).

- La doctrina de los apóstoles (Hech. 2:42).
- La palabra de Dios (Hech. 13:7).
- La doctrina del Señor (Hech. 13:12).
- La palabra del evangelio (Hech. 15:7).
- El evangelio de la gracia de Dios (Hech. 20:24).
- El consejo de Dios (Hech. 20:27).
- El patrón de las sanas palabras (2 Tim. 1:13).
- La luz (1 Jn. 1:5-7).
- La doctrina de Cristo (2 Jn. 9).
- La fe (Jud. 3).
- La fe de Jesús (Apoc. 14:12).

* La unidad, por lo tanto, es la consecuencia de la obediencia al evangelio de Cristo.

Llamados a ser
Santos
Romanos 1:7

Introducción

A. Pablo nos informa que él fue llamado a ser un apóstol (Rom. 1:1,5)

B. Los cristianos en general también tienen su llamado (v.6,7)

C. El término "santo" es frecuentemente mal comprendido y aplicado

    1. El catolicismo y denominacionalismo general tiene gran culpa en esto.

        a. La Iglesia Católica empezó el proceso de canonización de los "santos" en el siglo nueve.

        b. "En la Iglesia Católica (la canonización) es hecha solamente por el papa, quien, después del examen, 'declara que la persona en cuestión ha llevado una vida perfecta, y que Dios ha obrado milagros a su intercesión, ya sea durante su vida o después de su muerte, y que, consecuentemente, es digno de ser honrado como santo, lo cual implica el permiso para exhibir sus reliquias, invocarlo, y celebrar misas y un oficio en su honor' ... La adoración de los 'santos canonizados' está ordenado por el Concilio de Trento" (McClintock y Strong, Enciclopedia de Literatura Bíblica, Teológica y Eclesiástica, Vol. 2, págs. 90-91).

        c. ¿Qué es un santo? "Un santo es una persona, ahora muerta, a quien la iglesia permite el ser públicamente venerado" (ENCICLOPEDIA DEL CATOLICISMO DEL SIGLO VEINTE, Volumen 46, Capítulo 5, Pág. 84).

        d. Nadie puede convertirse en santo hasta después de 50 años de su muerte, acorde al pensamiento romano.

2. Una comprensión adecuada proveerá la conducta apropiada.

D. Plan de estudio
   1. Su naturaleza
   2. Su conducta
   3. Su esperanza
   4. Su origen

I. "Santo", su naturaleza

A. Apartado, consagrado, dedicado, puesto aparte, hecho acepto (cf. 1 Ped. 2:9)
   1. "fundamentalmente significa separado (entre los griegos, dedicado a los dioses), y por ello, en la Escritura, en su sentido moral y espiritual, separado del pecado y por lo tanto consagrado a Dios, sagrado" (Vine).
   2. "Se utiliza de personas y cosas en tanto que estén dedicadas a Dios. Ciertamente, la cualidad, como atributo de Dios, es frecuentemente presentada de una manera que involucra demandas divinas sobre la conducta de los creyentes. Estos reciben el nombre de jagioi, santos, esto es, «santificados». Así, esta santidad no es un logro, sino un estado al que Dios en gracia llama a los hombres" (Vine).
   3. "Apartado para Dios, para ser, por así decirlo, exclusivamente suyo... esta denominación se aplica a menudo en el Nuevo Testamento a los cristianos, como aquellos a quienes Dios ha seleccionado del mundo" (Thayer).
   4. "que pertenece exclusivamente a Dios. Los santos son la iglesia, la gente llamada del mundo para ser de Dios" (Zondervan Topical Bible).

B. Aplicado a todos los cristianos
   1. Por lo tanto, un santo es:
      a. Un miembro del cuerpo de Cristo.
      b. Y, Dios les considera:
         (1) Apartados, consagrados a él
         (2) Dedicados a sus propósitos, hechos aceptos a sus ojos

2. Podemos confirmar lo antes dicho al compararlo con el uso neotestamentario:
   a. Los miembros de congregaciones del Señor (Rom. 1:7; 1 Cor. 1:2; 2 Cor. 1:1; Ef. 1:1; Fil. 1:1; Col. 1:2)
   b. Al tratar el amor fraternal (Ef. 1:15; Col. 1:4; Fil. 4-7)
3. Un "santo" no es un "super cristiano"
   a. Que ya partió y ha sido canonizado.
   b. Venerado en adoración.

II. "Santo", su conducta

A. Como se describe en Efesios
   1. Los santos deben vivir de una manera digna de su llamado (Ef. 4:1), andando en:
      a. Unidad (4:1-16)
      b. Verdad (4:17-32)
      c. Amor (5:1-7)
      d. Luz (5:8-14)
      e. Sabiduría (5:15-17)
      f. Subordinación (5:21 – 6:9)
   2. Los santos evitan las cosas que no corresponden a su vocación (Ef. 5:3,4)
B. Como se describe en Colosenses
   1. Los santos deben estar llenos del conocimiento de la voluntad de Dios (Col. 1:9)
   2. Andando como es digno del Señor (Col. 1:10; cf. Hech. 11:26)
   3. Fortalecidos con todo poder en el hombre interior (Col. 1:11)
   4. Agradecidos y llenos de gozo (1:12-14)

III. "Santo", su esperanza

A. Enriquecidos y gloriosos
   1. Lo que Pablo deseaba que los efesios supieran (Ef. 1:18)
   2. Las riquezas de la gracia de Dios (2:7)
   3. La herencia eterna reservada en los cielos (1 Ped. 1:4)
B. Cielos nuevos, y tierra nueva (cf. 2 Ped 3:13,14; Apoc. 21:1-7).

IV. "Santo", su origen

A. Llamados, es decir, convocados, por el evangelio (Rom. 1:7; 2 Tes. 2:14).

B. Producido por el evangelio:

1. El evangelio revela el plan de salvación para el hombre (Rom. 1:16,17)

   a. Hechos que creer (1 Cor. 15:1-3)

   b. Mandamientos que obedecer (Rom. 10:9,10; Mar. 16:16)

   c. Promesas que esperar (Hech. 2:38,39; Rom. 6:23)

2. Cuando alguno responde positivamente al evangelio se convierte en un "santo"

   a. Salvo y convocado por la gracia de Dios (2 Tim. 1:9)

   b. Para servir y esperar (1 Tes. 1:9,10)

3. Cada vez que se predica el evangelio Dios llama a todos para que se vuelvan "santos"

   a. Los que oyen son exhortados a obedecer.

   b. Los que obedecen son lavados, santificados, justificados.

   c. Los santificados quedan consagrados, apartados y dedicados para los propósitos de Dios.

Conclusión

A. Por la maravillosa gracia de Dios

1. Podemos ser "santos"

2. Podemos esperar la maravillosa herencia celestial

B. Como santos, debemos andar de una manera digna de nuestro llamado

1. Haciendo firme nuestra vocación y elección (2 Ped. 1:10,11)

2. Procurando siempre agradar a Dios (1 Cor. 9:27).

C. ¿Es usted un santo? Si no, ¿por qué no serlo desde hoy?

"Mas Yo Soy Carnal, Vendido al Pecado"

Introducción

A. En Romanos 7:14-25 el apóstol Pablo describe una gran lucha:
  1. De uno que sabe hacer lo bueno, pero no puede hacerlo.
  2. Uno que desea guardar la ley de Dios, pero vive sujeto a la ley del pecado.
B. Este pasaje contiene dos dilemas que lo hacen desafiante para nosotros.
  1. El dilema textual.
  2. El dilema humano.

I. El dilema textual

A. Dos opciones de interpretación:
  1. El pasaje describe la lucha de Pablo como cristiano bajo la gracia.
  2. El pasaje describe a lucha de Pablo como judío bajo la ley de Moisés.
B. El contexto determina la interpretación.
  1. El contexto general del libro Romanos:
    a. La justificación por la fe en Cristo, no por guardar la ley de Moisés (3:28-30).
    b. La promesa hecha a Abraham viene por la fe, no por las obras de la ley (4:13).
    c. Los cristianos no perseveran en el pecado porque han muerto a él (6:1,2,15).
      (1) El pecado no reina en su cuerpo mortal (6:12).
      (2) Sus miembros son instrumentos de justicia (6:13).
      (3) En fin, son libres del pecado y siervos de la justicia (6:18).
  2. El contexto inmediato (caps. 7 y8).
    a. Los comentarios de Pablo son especialmente para aquellos que conocen la ley (Rom. 7:1).

    b. Aquellos que, casados con la ley mueren a la ley por medio de Cristo (7:4).

    c. Aquellos que, estuvieron sujetos a la ley, pero han sido librados de ella (7:6).

    d. La ley indicada es aquella que incluía los diez mandamientos (7:7).

    e. Una ley que, aunque era buena trajo muerte, no liberación (7:7-13).

    f. Una liberación a la que se apela, y luego, se explica (7:24,25; 8:1-12).

C. La solución del dilema textual:

    1. Posible por prestar atención al contexto, y al texto mismo.

    2. Pablo describe la lucha del judío sincero que vive bajo la ley.

II. El dilema humano

A. Un hombre que:

    1. Es carnal y vendido al pecado, que desea hacer el bien y abstenerse del mal, pero es incapaz de lograrlo (7:14,15).

    2. Acepta que la ley es buena, sin embargo, el pecado mora en él, y, por lo tanto, el bien que desea no lo hace, y el mal que no desea hacer, a fin de cuentas, hace (7:16-20).

    3. Está esclavizado a una ley de pecado y muerte (7:21-23; cf. 8:2).

    4. Vive desdichado (7:24).

B. Liberación por Cristo:

    1. Expresada: "Gracias doy a Dios, por Jesucristo Señor nuestro. Así que, yo mismo con la mente sirvo a la ley de Dios, mas con la carne a la ley del pecado" (Rom. 7:25).

        a. La primera parte del versículo enfoca al Salvador, quien pagó el precio para liberar al esclavo del pecado.

        b. Luego, se presenta nuevamente el dilema de estar dispuesto a obedecer a pesar de hallarse inhabilitado para romper la cadena del pecado.

        c. Debe prestarse atención especial al adverbio "Ahora" (Rom. 8:1).

           (1) Lo cual marca el contraste entre un judío sincero que no pudo satisfacer su conciencia iluminada por

la ley mosaica, y el cristiano liberado del poder del pecado y con la capacidad de servir a la justicia según el Espíritu.

(2) He aquí el capítulo de victoria, júbilo, y alabanza (Rom. 8), capítulo que contrasta con el sentir deprimente del hombre no regenerado de los versículos anteriores.

2. Explicada en el capítulo 8:1-14

a. No hay condenación para los que están en Cristo Jesús porque caminan según el Espíritu, es decir, enfocados en lo espiritual (8:1).

b. La ley del Espíritu, en otras palabras, el evangelio, libra al pecador:

(1) Del poder del pecado (8:2; cf. 6:14; 7:25).

(2) De la muerte (8:2).

(3) Algo que era imposible para la ley (8:3).

c. La muerte de Cristo cumple el requisito de justicia, es decir, la muerte por el pecado (8:3,4; cf. 3:23-28).

d. En Cristo, el hombre goza de vida y paz porque se ocupa de lo espiritual (8:6) poniendo su mente en las cosas espirituales (8:5).

e. Viviendo según el Espíritu (8:9) el propio cuerpo del cristiano es vivificado por el Espíritu (8:10-13; cf. Ef. 3:16).

(1) Una condición bendecida, no solo es libre del pecado, es además empoderado por el Espíritu Santo.

(2) Ahora puede vivir como un hijo de Dios.

(3) Ya no es deudor a la carne, es decir, esclavo de ella, para vivir bajo su poder.

Conclusión

A. En Romanos 7 el apóstol Pablo ilustra vívidamente la debilidad de la ley de Moisés:

1. Una ley que era santa, justa y buena (7:12).

2. Una ley que no ofreció liberación de la culpa y el poder del pecado (Rom. 7:24; cf. 6:14; 8:3).

B. El dilema se soluciona en Cristo:
   1. No hay condenación para los que están en Cristo.
   2. Hay poder de Dios para superar el conflicto y vencer a la carne.
   3. Ahora, en Cristo, la capacidad para vencer es una maravillosa realidad (Rom. 7:18; Gal. 5:16).
C. Dos preguntas:
   1. ¿Ha experimentado la libertad de la culpa del pecado por la sangre de Cristo (Ef. 1:7)?
   2. ¿Vive en Cristo libre del pecado por el poder del Espíritu Santo (Rom. 8:12,13)?

No Busco Mi Propio Beneficio
1 Corintios 10:31-33

Introducción

A. A menudo el apóstol Pablo se ofrecía a sí mismo como ejemplo:

1. *A los filipenses*: "Hermanos, sed imitadores de mí, y mirad a los que así se conducen según el ejemplo que tenéis en nosotros" (Fil. 3:17), "Lo que aprendisteis y recibisteis y oísteis y visteis en mí, esto haced; y el Dios de paz estará con vosotros" (Fil. 4:9).

2. *A los corintios*: "Sed imitadores de mí, así como yo de Cristo" (1 Cor. 11:1).

B. Su llamado a seguir su ejemplo es doctrina de Cristo.

1. *Hacer todas las cosas para la gloria de Dios* (1 Cor. 10:31).

2. *No ocasionar tropiezo a ninguno* (1 Cor. 10:32).

3. *No buscar el beneficio propio sino la salvación de los demás* (1 Cor. 10:33).

C. Plan de estudio

1. La obsesión de Pablo.

2. El principio de Pablo.

I. La obsesión de Pablo

A. *Que todos sean salvos*:

1. "No seáis tropiezo ni a judíos, ni a gentiles, ni a la iglesia de Dios; como también yo en todas las cosas agrado a todos, no procurando mi propio beneficio, sino el de muchos, para que sean salvos" (1 Cor. 10:32,33).

2. Algo que también indicó a los hermanos en Colosas (Col. 1:28,29; cf. 2:1-7).

B. *Una obsesión que aprendió de su Salvador*:

1. "Con Cristo estoy juntamente crucificado, y ya no vivo yo, mas vive Cristo en mí; y lo que ahora vivo en la carne, lo vivo en la fe del Hijo de Dios, el cual me amó y se entregó a sí mismo por mí" (Gal. 2:20).

2. "Recorría Jesús todas las ciudades y aldeas, enseñando en las sinagogas de ellos, y predicando el evangelio del reino, y sanando toda enfermedad y toda dolencia en el pueblo. Y al ver las multitudes, tuvo compasión de ellas; porque estaban desamparadas y dispersas como ovejas que no tienen pastor. Entonces dijo a sus discípulos: A la verdad la mies es mucha, mas los obreros pocos. Rogad, pues, al Señor de la mies, que envíe obreros a su mies" (Mat. 9:35-38).

II. El principio de Pablo

La renuncia a sus derechos: "como también yo en todas las cosas agrado a todos, no procurando mi propio beneficio, sino el de muchos, para que sean salvos" (1 Cor. 10:33).

1. Lo sacrificado a los ídolos (1 Cor. 8:7-13; cf. Rom. 14:13-23).
2. La manera de alcanzar a los perdidos (1 Cor. 9:19-22).

A. *Esto no quiere decir que Pablo no se comprometiera con la verdad*:
1. La división (1 Cor. 1:10-13).
2. La carnalidad (1 Cor. 3:1-4).
3. La fornicación (1 Cor. 5:1:13).
4. La cena del Señor (1 Cor. 11:17-34).
5. La resurrección (1 Cor. 15:1-58).

B. *El "principio de renuncia" explicado*:
1. A los corintios: "Todo me es lícito, pero no todo conviene; todo me es lícito, pero no todo edifica. Ninguno busque su propio bien, sino el del otro" (1 Cor. 10:23,24)
2. A los romanos (Rom. 15:1-3)
   a. El fuerte debe soportar los escrúpulos del débil.
   b. Cada cual debe agradar a su prójimo para su bien.
   c. Cada cual debe seguir el ejemplo de Cristo.
3. A los gálatas:
   a. "Estad, pues, firmes en la libertad con que Cristo nos hizo libres, y no estéis otra vez sujetos al yugo de esclavitud" (Gal. 5:1).
   b. "Porque vosotros, hermanos, a libertad fuisteis llamados; solamente que no uséis la libertad como

ocasión para la carne, sino servíos por amor los unos a los otros" (Gal. 5:13).

4. A los filipenses: "Nada hagáis por contienda o por vanagloria; antes bien con humildad, estimando cada uno a los demás como superiores a él mismo; no mirando cada uno por lo suyo propio, sino cada cual también por lo de los otros. Haya, pues, en vosotros este sentir que hubo también en Cristo Jesús" (Fil. 2:3-5).

Conclusión

A. "Si, pues, coméis o bebéis, o hacéis otra cosa, hacedlo todo para la gloria de Dios. No seáis tropiezo ni a judíos, ni a gentiles, ni a la iglesia de Dios; como también yo en todas las cosas agrado a todos, no procurando mi propio beneficio, sino el de muchos, para que sean salvos. Sed imitadores de mí, así como yo de Cristo" (1 Cor. 10:31-11:1).

B. ¿Manifestamos la misma obsesión de Cristo y su apóstol?

1. ¿Hacemos todas las cosas para la gloria de Dios?

2. ¿Procuramos no ocasionar tropiezo a ninguno?

3. ¿Renunciamos al beneficio propio para la salvación de los demás?

C. Cristo Jesús, procurando la gloria del Padre, se dio a sí mismo para nuestra salvación, ¿cómo responderá usted a su gran amor?

Nos Desmayamos
2 Corintios 4:1

Introducción

A. En 2 Corintios 4, dos veces el apóstol Pablo dijo "no desmayamos" (4:1,16).
   1. Desmayar (gr. "enkakeo"): "carecer de valor, perder el ánimo, ser de poco ánimo" (Vine).
   2. "desmayar, debilitar, i.e. (por implicación) descorazonarse" (Strong).
   3. "Perder ánimo, desalentarse" (Tuggy).
B. Si alguno podría haberse desanimado era Pablo (cf. 2 Cor. 11:23-29; 12:7-10).
   1. Sin embargo, Pablo dijo: "Pero tenemos este tesoro en vasos de barro, para que la excelencia del poder sea de Dios, y no de nosotros, que estamos atribulados en todo, mas no angustiados; en apuros, mas no desesperados; perseguidos, mas no desamparados; derribados, pero no destruidos" (2 Cor. 4:7-9).
   2. Y decía también, "Todo lo puedo en Cristo que me fortalece" (Fil. 4:13).
C. Algunos cristianos se desaniman y desmayan, lo cual es algo extraño y lamentable:
   1. Extraño, porque no experimentan lo que Pablo sufría.
   2. Triste, porque no cumplen la voluntad de Dios en sus vidas, "No nos cansemos, pues, de hacer bien; porque a su tiempo segaremos, si no desmayamos" (Gal. 6:9).
D. Plan de estudio:
   1. Señales del desaliento.
   2. Razones del desaliento.
   3. El secreto para vencer el desaliento.

I. Señales del desaliento

A. Falta de persistencia en la oración (Luc. 18:1; cf. Ef. 6:18; Col. 4:2; 1 Tes. 5:17).

B. Dejar de hacer el bien (Gal. 6:9,10; 2 Tes. 3:13; cf. Heb. 10:24, 25).

II. Razones del desaliento

A. Las tribulaciones.

1. Pablo entendía que las tribulaciones que él sufría podrían desanimar a los santos (Ef. 3:13). Entonces, si las tribulaciones de otro nos pueden desanimar, ¡cuánto más las tribulaciones de uno mismo (cf. 1 Cor. 10:13)!

2. Las tribulaciones tienen el potencial para desalentarnos (cf. Luc. 8:13; Hech. 14:22; 1 Ped. 1:7; 4:12).

B. La maldad general.

1. La "iniquidad" tiene la capacidad de enfriar el amor (cf. Mat. 24:12).

2. Los impíos pueden desanimar con su conversación (1 Cor. 15:33).

3. Es más probable que un cristiano se desanime por la impiedad general en lugar de perder el ánimo por las tribulaciones.

III. El secreto para vencer el desaliento

A. Apreciar la gloria del ministerio apostólico

1. Es el primer punto de Pablo, al relacionar su ánimo con la clase de ministerio que le fue confiado ("Por lo cual", 2 Cor. 4:1).

2. Contrastó el Antiguo Pacto con el Nuevo Pacto (2 Cor. 3:5-18).

B. Revitalizarnos con el poder de Cristo

1. Pablo de esto habla cuando vuelve a declarar otra razón para su ánimo (2 Cor. 4:16).

2. Él sufrió mucho por Cristo (cf. 2 Cor. 4:8,9), pero en estos momentos el poder de Dios se manifestaba en su vida (2 Cor. 4:7,10,11).

3. Él había aprendido la lección (2 Cor. 12:7-10).

C. Contemplar las cosas que no se ven (2 Cor. 4:16-18)

1. El "más excelente y eterno peso de gloria"

2. La gloria descrita en 2 Corintios 5:1-5

3. "por fe andamos, no por vista" (5:7).

Conclusión
A. Recapitular
B. Leer Gálatas 6:7-10
C. Tarea: Leer 2 Corintios 3-5

¿Pecado o Mala Sospecha?
Hechos 21:28,29

Introducción

A. ¿Qué hacer cuando hay pecado? ¿Hay procedimiento bíblico, o no lo hay? Si lo hay, ¿no es pecado saltarse el procedimiento de la sabiduría de Dios? ¿Somos más sabios que él?

   1. ¿Podemos juzgar a un hermano por la acusación de un solo testigo?

   2. ¿Puede el testigo acusar a un hermano sin responsabilizarse de su acusación?

   3. ¿Debemos aceptar todo testimonio sin evaluar a los testigos?

B. ¿Qué nos obliga a hacer el Señor Jesucristo cuando hay pecado en la iglesia local?

   1. Queremos enfatizar que *sin evidencia* contra el acusado *el acusador* es culpable de *mala sospecha*.

   2. Aprenderemos que la ley de Cristo indica la forma de salvar almas.

I. Pecados personales, ¿qué hacer?

A. El ofendido debe ir a reprender (Mat. 18:15)

B. El ofensor debe ir a confesar (Mat. 5:23)

C. Dispuestos a perdonar (Luc. 17:3,4)

D. Lo que no pueden hacer:

   1. Murmurar (Sant. 4:11)

   2. Quejarse (Sant. 5:9)

II. Pecados públicos

A. Si el pecado es público, habrá testigos. "por el testimonio de dos o tres testigos se juzgarán todos los asuntos" (2 Cor. 13:1, LBLA; cf. 1 Tim. 5:19)

   1. La acusación formal requiere ser probada (cf. Jn. 7:24,51; 8:46; Hech. 21:28; 24:13)

   2. La prueba aceptable "es la evidencia clara e irrefutable".

3. Los testigos deben coincidir en su testimonio (cf. Mar. 14:55-59).

    a. ¿Podemos aceptar información confusa contra un hermano en Cristo?

    b. ¿Debemos involucrarnos en un proceso de juicio con datos confusos y dispares?

B. Las acusaciones sin prueba son malas sospechas (1 Tim. 6:4)

    1. Cada testigo debe estar seguro:

        a. ¿Qué debe hacer el testigo si no puede probar la acusación?

        b. ¿No debe el testigo si no está seguro o confundido?

    2. Si hay prueba, ¿no debe presentarse decentemente y con orden (1 Cor. 14:40)?

        a. Debe quedar constancia formal del testimonio, con nombre y apellido, de los testigos (2 Cor. 13:1; 1 Tim. 5:19).

        b. Los ancianos, o varones, deben reunirse y buscar la mejor forma de solucionar el problema sin parcialidad (cf. 1 Tim. 5:21; Luc. 20:21).

        c. El carácter de los testigos debe ser evaluado al igual que su testimonio. Debe existir claridad en los datos (fecha, lugar, personas involucradas) para que sean considerados verídicos.

C. ¿Qué debe recordar el acusador?

    1. La deuda del amor (Rom. 13:8-10; 1 Cor. 13:4-7)

    2. El juicio de Dios (Mat. 7:1,2)

Conclusión

A. Si los testigos no son competentes, pues su carácter los desaprueba, ¿debe considerarse su testimonio como verídico? ¿No son culpables de una detracción?

B. Si el testimonio no es concordante, sino que es confuso, y no hay claridad en la acusación, ¿no debiera el acusador arrepentirse de su mala sospecha?

C. Si los ancianos, o varones, han procedido sin autorización bíblica, ¿no deben arrepentirse de su *injusticia*?

D. En fin, hermanos, ¿queremos salvar almas o condenarlas?

¿Perseveraremos en el Pecado para que la Gracia Abunde?

Introducción

A. En su epístola a los romanos el apóstol Pablo abordó el problema del pecado:
   1. Indicó que todos han pecado (Rom. 3:23).
   2. Declaró cómo ser justificado por la fe en Jesucristo (Rom. 5:1,2).
   3. Dijo que donde abundó el pecado, sobreabundó la gracia (Rom. 5:20,21).

B. Entonces, el apóstol anticipó una inferencia errónea:
   1. "¿Qué, pues, diremos? ¿Perseveraremos en el pecado para que la gracia abunde?" (Rom. 6:1).
   2. A lo cual respondió enfáticamente, "En ninguna manera" (Rom. 6:2,15).

C. No es el plan de Dios que el cristiano viva en pecado pensando que Dios le estará siempre perdonando. En otras palabras, la gracia de Dios no justifica que el hombre viva en pecado.

D. Plan de estudio: "¿Perseveraremos en el pecado para que la gracia abunde?"
   1. ¡No! Porque hemos muerto al pecado.
   2. ¡No! Porque estamos vivos para Dios.
   3. ¡No! Porque debemos servir a la justicia.
   4. ¡No! Porque la paga del pecado es muerte.

I. ¡No! Porque hemos muerto al pecado

"En ninguna manera. Porque los que hemos muerto al pecado, ¿cómo viviremos aún en él?" (Rom. 6:2).

A. Morimos con Cristo en el bautismo (Rom. 6:3,4)
   1. El cual es una crucifixión (v.6).
   2. El cual es un entierro, una sepultura, "la semejanza de su muerte" (v.4,5).

    3. El bautismo, no el arrepentimiento, es cuando morimos al pecado, muerte que ha de impactar nuestra vida para siempre (cf. Gal. 2:20).

B. Ahora podemos caminar en vida nueva (Rom. 6:4,5).

    1. Así como Cristo resucitó de la tumba, así también los cristianos resucitamos con Cristo (cf. Ef. 2:5,6; Col. 2:12).

    2. Ahora estamos en Cristo (Gal. 3:26,27).

    3. Ahora somos nuevas criaturas (2 Cor. 5:17).

C. Ya no somos esclavos del pecado (Rom. 6:6,7)

    1. El propósito de morir al pecado en el bautismo es quedar libre del pecado.

    2. Un punto que Pablo enfatizará más adelante.

D. ¡Realmente vivimos con Cristo (Rom. 6:8-10)!

    1. Así como Cristo vive para Dios (v.10).

    2. Nosotros vivimos también (cf. Ef. 2:4-6).

II. ¡No! Porque estamos vivos para Dios

"Así también vosotros consideraos muertos al pecado, pero vivos para Dios en Cristo Jesús, Señor nuestro" (Rom. 6:11).

A. El pecado no tiene que reinar en nosotros (Rom. 6:12).

    1. Estábamos muertos bajo el poder del pecado, y ahora podemos elegir no dejar que el pecado vuelva a reinar en nosotros.

    2. Simplemente, ya no somos deudores al pecado (cf. Rom. 8:12,13).

B. Nuestros miembros ahora son miembros de justicia (Rom. 6:13).

    1. Podemos presentarnos a Dios como vivos de entre los muertos, como instrumentos de justicia para él (cf. Rom. 12:2).

    2. Es decir, podemos glorificar a Dios con nuestros cuerpos (cf. Rom. 12:1; 1 Cor. 6:19,20).

C. La gracia de Dios nos ha liberado del dominio del pecado (Rom. 6:14).

    1. El pecado no puede enseñorearse de nosotros.

    2. En Cristo hemos sido liberados (cf. Rom. 8:1,2).

III. ¡No! Porque debemos servir a la justicia

"Hablo como humano, por vuestra humana debilidad; que así como para iniquidad presentasteis vuestros miembros para servir a la inmundicia y a la iniquidad, así ahora para santificación presentad vuestros miembros para servir a la justicia" (Rom. 6:19).

A. Somos esclavos de todo lo que obedecemos (Rom. 6:15,16).

    1. Es decir, somos esclavos del pecado o somos esclavos de la justicia (cf. Jn. 8:34).

    2. Podemos elegir a quien serviremos, y, por lo tanto, podríamos volver a la esclavitud del pecado. En otras palabras, la apostasía siempre es una posibilidad (cf. 2 Ped. 2:20-22).

B. Los cristianos son esclavos (Rom. 6:17,18)

    1. Cuando obedecimos al evangelio fuimos liberados del pecado:

        a. De la condenación por el pecado (cf. Hech. 2:38; 22:16; Rom. 8:1,2).

        b. Del poder del pecado (cf. Rom. 8:12,13).

    2. Pero, al mismo tiempo que fuimos liberados del pecado, nos hicimos esclavos de la justicia (cf. 1 Cor. 6:19,20), es decir, siervos de Dios (Rom. 6:22).

C. Así como servimos al pecado, debemos ahora servir a la justicia (Rom. 6:19).

    1. Servíamos al pecado con todo nuestro ser.

    2. Ahora, ofrecemos todo nuestro ser para servir a la justicia (cf. Rom. 12:1,2; 1 Ped. 1:14-16).

IV. ¡No! Porque la paga del pecado es muerte

"Porque la paga del pecado es muerte, mas la dádiva de Dios es vida eterna en Cristo Jesús Señor nuestro" (Rom. 6:23).

A. El salario por la esclavitud al pecado es la muerte (Rom. 6:20, 21).

    1. El hombre puede morir por sus pecados recibiendo la paga, es decir, la muerte, por ellos.

    2. Tal muerte es la separación eterna de Dios (cf. Apoc. 21:8).

B. Dios en su gracia ofrece la vida eterna (Rom. 6:22,23).

1. Hemos sido liberados del pecado cuando completamos la obediencia al evangelio (Rom. 6:2-14; cf. 2:8)
   a. Evangelio que contiene un plan de salvación (Rom. 1:16,17; 3:21; cf. Mar. 16:15,16; Luc. 24:47; Hech. 2:38, 41; 18:8; 19:).
   b. El cual tiene como base la sangre de Cristo (cf. Mat. 26:28; Hech. 22:16; Apoc. 1:5).
2. Ahora podemos ser esclavos de Dios por la obediencia (Rom. 6:15-19).
3. Ahora podemos producir el fruto de la santidad, el cual a su vez nos conduce a la vida eterna (Rom. 6:22; cf. 2:4-11).

Conclusión

A. Entonces, "¿Perseveraremos en el pecado para que la gracia abunde?"
   1. ¡No! Porque hemos muerto al pecado.
   2. ¡No! Porque estamos vivos para Dios.
   3. ¡No! Porque debemos servir a la justicia.
   4. ¡No! Porque la paga del pecado es muerte.
B. Pablo respondió, "En ninguna manera... En ninguna manera" (Rom. 6:2,15).
   1. ¿Respondemos de la misma manera que Pablo?
   2. ¿Seguimos encadenados bajo el poder del pecado o hemos sido liberados de él?
      a. Si quiere ser liberado del poder del pecado.
      b. Si quiere hacerse siervo de Dios.
      c. Si quiere recibir la gracia de Dios en Cristo.
      d. Debe obedecer al evangelio, el cual es el poder de Dios para su salvación (Rom. 1:16; Mar. 16:16).

¿Qué me Aprovecha
ser Cristiano?

Introducción

A. Todos interesados en la ganancia. No queremos perder, queremos ganar.

B. ¿Habrá en verdad diferencia entre los cristianos y los que no son cristianos? ¿Qué nos aprovecha el ser cristianos? ¿Cuáles son los beneficios que recibimos?

I. "¿Que aprovecha que guardemos su ley…?" (Mal. 3:13-18)

A. Los judíos se quejaron contra Dios. (Mal. 1:13; 3:13-15; cf. Sal. 73:13)

B. Muchos dicen: "¿Quién es Jehová para que oiga su voz…?" (Ex. 5:2).

Pero, Malaquías concluye el capítulo diciendo, "Entonces os volveréis, y discerniréis la diferencia entre el justo y el malo, entre el que sirve a Dios y el que no le sirve" (Mal. 3:18).

II. La Salvación, El Perdón De Pecados (Mar. 16:16; Hech. 2:38).

A. Es la salvación "tan grande (Heb. 2:3).

B. ¿No habrá ninguna diferencia entre los salvos y los no salvos? ¿No habrá diferencia entre los perdonados y los no perdonados? ¿Quién puede creer que no hay diferencia?

III. Redimidos De La Esclavitud (1 Ped. 1:18,19).

A. Todos son esclavos (Jn. 8:34).

B. Hay dos maestros, dos amos, dos servicios (Rom. 6: 12-18, 23).

IV. Reconciliados Con Dios (Ef. 2:12-16; Col. 1:21,22).

A. Quiere decir que ahora ya no hay enemistad, que ahora somos "amigos" de Dios (cf. 2 Cor. 5:18-20).

V. Somos El Pueblo De Dios (1 Ped. 2:10,11).

A. Somos el cuerpo de Cristo (1 Cor. 12:27).

B. Somos ciudadanos en su reino (Col. 1:13).
C. Somos el templo de Dios (Ef. 2:22).
D. Somos la esposa de Cristo (2 Cor. 11:2,3).
E. Somos el rebaño de Dios (1 Ped. 5:2).
F. Somos una casa espiritual (1 Ped. 2:5,6).

VI. Toda Bendición Espiritual En Cristo (Efes. 1:3).
A. Una conciencia limpia (1 Ped. 3:21; Hech. 24:16; 1 Tim. 1:5).
B. Paz con Dios (Rom. 5:1; Fil. 4:7).
C. Contentamiento (Fil. 4:11,12).
D. Entendimiento (Juan 8:12).
E. Valor (Hech. 4:13; Fil. 1:27,28; 1 Jn. 4:18).
F. Esperanza (Rom. 8:24; Heb. 6:18).

Conclusión:
A. *La piedad para todo aprovecha* (1 Tim. 4:8).
B. Para Pablo y todo cristiano, lo que dejamos en el mundo es "basura" ya que hemos ganado la salvación en Cristo (Fil. 3:7-11).
C. En conclusión, preguntamos a los que no son cristianos: "¿Qué aprovechará al hombre, si ganare todo el mundo, y perdiere su alma? ¿O qué recompensa dará el hombre por su alma?" (Mat. 16:26).
D. *En el día final todos sabrán que hay gran diferencia entre el justo y el malo, entre el obediente y el desobediente* (Mal. 3:18).

Renovación

"Por tanto, no desmayamos; antes aunque este nuestro hombre exterior
se va desgastando, el interior no obstante se renueva de día en día"
(2 Cor. 4:16; cf. 2 Cor. 3:18).

Introducción
A. Muchos ven oportunidad de renovación en un nuevo año, y hacen planes respecto a ello.
B. La Biblia habla de una vida nueva, una vida de renovación.

I. La renovación es un proceso continuo (2 Cor. 4:16-18)
A. Sucede *"de día en día"*.
B. Sucede al *"hombre interior"*, en contraste con el exterior que *"se va desgastando"*.
C. Permite perseverar a través de las más duras dificultades.
D. Es una metamorfosis que se refleja en una vida transformada (Rom. 12:2).

II. La renovación comienza con la regeneración (Tito 3:4-7).
A. Cuando nacemos *"de nuevo"*, es decir, *"de agua y del Espíritu"* (Jn. 3:3-5).
B. Cuando somos renacidos (cf. 1 Ped. 1:23,25; Sant. 1:18).
C. Cuando somos perdonados (cf. Mat. 26:28; Hech. 2:38; 22:16).
D. Cuando somos hechos salvos por gracia (Tito 2:11-14).

III. La renovación está moldeada según Cristo (Col. 3:5-11).
A. Nuestros cuerpos están muertos al pecado, *"Por tanto, considerad los miembros de vuestro cuerpo terrenal como muertos a la fornicación, la impureza, las pasiones, los malos deseos y la avaricia, que es idolatría"* (Col. 3:5; LBLA).
B. Según su imagen, *"conforme a la imagen del que lo creó"*, basada en el verdadero conocimiento de Dios (cf. Col. 1:9-14; 1 Tim. 2:4).

IV. La renovación nos hace diferentes del mundo (Rom. 12:1,2).

A. La gente nota la diferencia (1 Ped. 4:3,4).

B. La gente busca errores (cf. 1 Ped. 3:15; 1 Tim. 3:14; Tito 2:5,8, 10).

C. La luz alumbra (Mat. 5:16; cf. Rom. 12:2-21).

Conclusión

A. Si no somos cristianos, debemos comenzar hoy.

B. Si somos cristianos, debemos asegurarnos de estar siendo renovados "de día en día".

C. Dios es glorificado cuando participamos de esta renovación.

Responsabilidades Colectivas

"Vosotros, pues, sois el cuerpo de Cristo,
y miembros cada uno en particular."
1 Corintios 12:27

Introducción
A. La iglesia local es un cuerpo, un conjunto de miembros, un colectivo divino, y cada miembro tiene una función particular que desempeñar.
B. Cada miembro del cuerpo debe actuar en beneficio del colectivo.
C. Debemos examinarnos si estamos cumpliendo con nuestras responsabilidades individuales y colectivas (2 Cor. 13:5).

Congregarse (Heb. 10:24,25).
A. Nos reunimos "para estimularnos los unos a los otros al amor y a las buenas obras". Sin embargo, la ausencia voluntaria desanima el necesario estímulo de amor.
B. Cada miembro entiende lo que sucederá cuando el cuerpo se ha reunido (1 Cor. 14:26).

Animarse (Heb. 3:12,13).
A. Es posible que los cristianos se aparten y se pierdan (cf. Heb. 2:1; 10:26-31).
B. Cada miembro necesita la exhortación de forma regular y constante, "cada día" (Heb. 3:13).

Amonestarse (Rom. 15:14).
A. La amonestación involucra el alentar, advertir y aconsejar, es un término que abarca todos los aspectos de la predicación (cf. 1 Cor. 14:3) y la consejería

B. Cada santo de Dios es responsable de fortalecer a otros creyentes con la palabra de Dios, y cuenta con todos los recursos divinos para hacerlo (2 Tim. 3:16).

Corregirse (Sant. 5:19,20).
A. Cuando alguno ha cometido alguna falta, debemos trabajar para restaurarle (cf. Gal. 6:1).
B. "Así, no es la voluntad de vuestro Padre que está en los cielos, que se pierda uno de estos pequeños" (Mat. 18:14).

Ayudarse (Hech. 4:32-35).
A. Una necesidad extraordinaria fue cubierta por el sacrificio extraordinario, porque "la multitud de los que habían creído era de un corazón y un alma".
B. En todo caso, los miembros del cuerpo deben estar dispuestos a realizar sacrificios por el bien del colectivo (cf. 1 Cor. 8:13; 10:31-33; 11:1).

Tolerarse (Rom. 14:1).
A. Hay muchos temas en los cuales naturalmente los miembros del cuerpo no pensarán de la misma manera. Nos referimos aquí a las opiniones.
B. La iglesia local es un grupo que tolera las opiniones de los demás, pero no tolera el pecado (1 Cor. 5:1,2; 2 Tes. 3:6,14).

Someterse (Ef. 5:21).
A. "humillaos, pues, bajo la poderosa mano de Dios, para que él os exalte cuando fuere tiempo" (1 Ped. 5:6).
B. "estimando cada uno a los demás como superiores a él mismo" (Fil. 2:3).
C. La sumisión a Dios requiere que estemos sumisos según el orden establecido por Dios: todos al gobierno civil (1 Ped. 2:13-17; Rom. 13:1-7; Tito 3:1); los siervos sujetos a sus amos (Ef. 6:5-8; Col. 3:22; 1Ped. 2:18-19); los jóvenes sujetos a los ancianos (1 Ped. 5:5); los hijos sujetos a sus padres (Ef. 6:1-3); las esposas sujetas a sus maridos (Ef. 5:22,23,33; 1 Ped. 3:1-7; Col. 3:18); y la iglesia sujeta a los ancianos (Heb. 13:17).

Ministrarse (Ef. 4:12).

A. Cada miembro tiene su "actividad propia" que realizar (Ef. 4:16), esta actividad propia es "obra del ministerio".

B. Cada miembro tiene su función (1 Cor. 12:14-27).

Conclusión

A. Seremos juzgados por lo que hayamos hecho personalmente (2 Cor. 5:10), Sine embargo, podemos fácilmente olvidar que en el juicio venidero será tomada en cuenta nuestra responsabilidad como miembros del cuerpo.

B. Dios diseñó a la iglesia como un cuerpo, en el cual cada miembro tiene su parte para el beneficio de los otros.

Responsabilidades del Cristiano
1 Corintios 12:27

Introducción
A. La iglesia local es un cuerpo, un conjunto de miembros.
  A. Cada miembro tiene una función particular que desempeñar.
  B. Cada miembro es necesario en el cuerpo
B. Debemos examinarnos si estamos cumpliendo con nuestras responsabilidades (2 Cor. 13:5).

Responsabilidades del cristiano
A. Andar como es digno del Señor (Col. 1:10; 3:17).
B. Ser entendido en la voluntad del Señor (cf. Ef. 5:17; Hech. 17:11; 1 Tes. 5:21,22).
C. Proveer para los suyos (1 Tim. 5:8,16; cf. 2 Tes. 3:7-10)
D. Ayudar a los necesitados (Gal. 6:10; Ef. 4:28).
E. Ser responsable en sus roles (Col. 3:18 – 4:1).
F. Ser sal y luz al mundo (Mat. 5:13-16; cf. 1 Ped. 2:12).
G. Prepararse para el juicio (Jn. 12:48; 2 Cor. 5:10).

Conclusión
A. La iglesia local es un cuerpo.
  A. Cada cristiano pertenece a ella como un miembro al cuerpo.
  B. Cada cristiano tiene un papel que desempeñar, y responsabilidades individuales, como miembro de la iglesia.
B. ¿Está cumpliendo con sus responsabilidades?

"¿Soy yo Acaso Guarda de mi Hermano?"

Gen. 4:9

Introducción

A. Una pregunta reflexiva, pronunciada por un malo, pero que nos enseña a que seamos lo contrario de él.

1. La respuesta divina es elocuentemente implicada.
2. Caín había matado a su hermano porque Dios había aceptado la ofrenda de Abel, pero había rechazado la ofrenda suya (Gen. 4:3-8; cf. 1 Jn. 3:11,12).

B. ¿Somos nosotros acaso guardas de nuestros hermanos? ¿Hemos asumido la responsabilidad de cuidarnos los unos a los otros?

1. El Nuevo Testamento deja claro que cada cristiano tiene la responsabilidad sagrada de ser un guarda de sus hermanos en Cristo.
2. De hecho, muchos pasajes enfatizan nuestra responsabilidad de ser guardas de nuestros hermanos en Cristo

I. Mi responsabilidad de ser "guarda de mi hermano"

A. Debemos amarnos los unos a los otros

1. Según lo ordenó Jesús (Jn. 13:34,35; 15:12,17)
2. Como lo enseñó Pablo (Rom. 13:8; 1 Tim. 4:9)
3. Como lo enseñó Pedro (1 Ped. 1:22)
4. Como lo enfatizó Juan (1 Jn. 3:11,12,23; 4:7-12; 2 Jn. 5)

B. Amarnos los unos a los otros significa que debemos

1. Recibirnos los unos a los otros (Rom. 15:7)
2. Amonestarnos los unos a los otros (Rom. 15:14)
3. Edificarnos los unos a los otros (Rom. 14:19)
4. Servirnos los unos a los otros (Gal. 5:13)
5. Sobrellevar las cargas los unos de los otros (Gal. 6:1,2)
6. Perdonarnos los unos a los otros (Ef. 4:32)
7. Someternos los unos a los otros (Ef. 5:21)
8. Exhortarnos los unos a los otros (Heb. 3:12,13)
9. Considerarnos los unos a los otros (Heb. 10:24,25)

10. Hospedarnos los unos a los otros (1 Ped. 4:8-10)

II. Evaluando nuestra responsabilidad como guarda de nuestros hermanos

A. Cuando llega un nuevo hermano a la familia

1. ¿Los recibimos o los ignoramos (Rom. 15:7)? ¿Sabemos sus nombres? ¿Sabemos su número telefónico? ¿Sabemos su dirección? ¿Oramos por ellos? ¿Les animamos?

2. ¿Procuramos su edificación (Rom. 14:19)? ¿Ponemos el ejemplo en palabras y actitud?

3. ¿Nos sometemos a ellos o queremos manipularlos (Ef. 5:21)?

4. ¿Les servimos en amor o esperamos que ellos nos sirvan (Gal. 5:13)?

5. ¿Les demostramos hospitalidad (1 Ped. 4:8-10)?

B. Cuando alguno es sorprendido en alguna falta (Gal. 6:1)

1. ¿Les consideramos (Heb. 10:24,25)?

2. ¿Estamos dispuestos a aceptar sus cargas (Gal. 6:1,2)? ¿Procuramos restaurarles con espíritu de mansedumbre?

3. ¿Les exhortamos para no se endurezcan por el engaño del pecado (Heb. 3:12-14)?

4. ¿Estamos dispuestos a perdonarles si se arrepienten (Ef. 4:32)?

Conclusión

A. ¿Soy yo acaso guarda de mis hermanos?

B. ¿Estamos plenamente identificados como guardianes primeramente de los hermanos de la iglesia local?

Tardos para Oír

Introducción

A. El escritor a los hebreos detuvo su discurso sobre el sacerdocio de Melquisedec y el de Cristo, porque era "difícil de explicar" (5:11).

B. La dificultad no radicaba en la historia bíblica, sino en el corazón de los hebreos, quienes se habían hecho "tardos para oír" (5:11).

C. El problema era grave, porque podían perder sus almas.

I. Lo que significa ser "tardo para oír"

A. Lo que no significa:
  A. Ser incapaz de comprender algún tema difícil. Luego el escritor retomó el tema dos capítulos más adelante.
  B. Haber abandonado la fe. Eran cristianos (6:9,10) y hermanos santos (3:1). Por supuesto, podían desplazar a la fe de sus corazones (3:12; 10:39) y perder su salvación (6:11, 12).
  C. Ser nuevo cristiano que recién está aprendiendo la palabra. Tenían tiempo suficiente para ser ya maduros (5:12). Pero, necesitaban leche, como recién conversos (5:13; 1 Ped. 2:2).

B. Lo que sí significa:
  A. Ser indolente, lento, perezoso, por mala disposición a las cosas de Dios (cf. Heb. 2:1).
  B. La comprensión de la verdad requiere buena actitud de corazón (Mat. 5:6; Jn. 6:44,45; 7:17; Ef. 3:4; 5:17; 2 Tim. 2:15; 3:15).

II. Las consecuencias de ser "tardo para oír"

A. No poder tratar fácilmente temas "difíciles de explicar" (5:11).
  1. El evangelio es fácil de comprender y obedecer (Hech. 16:31-34).
  2. También hay cosas difíciles de entender (2 Ped. 3:16)
  3. Se requiere diligencia (2 Tim. 2:15).

B. Repetir una vez más los rudimentos de las palabras de Dios (5:12).
1. Es bueno repetir (cf. Fil. 3:1; 2 Ped. 1:12,13).
2. Pero, debe haber progreso espiritual (1 Cor. 14:20; 1 Tim. 4:13,15).
3. El futuro de la iglesia local depende del crecimiento de sus miembros (2 Tim. 2:2; Ef. 4:11,12).
C. Permanecer en un estado de infancia espiritual (5:13).
1. La infancia es un estado natural en un comienzo (1 Ped. 2:2)
2. La salud espiritual se nota en crecer y desarrollarse (cf. 2 Ped. 3:18; 3 Jn. 2,3).
D. Estar en peligro de perder la salvación (5:12; 6:11,12).

III. Cómo dejar de ser "tardo para oír"
A. Reconocer el problema (cf. 2 Cor. 13:5).
B. Procurar dejar la leche (cf. Heb. 5:13; 2 Ped. 1:12,13; 1 Tim. 4:6).
C. Habituarnos al estudio de las Escrituras (Heb. 5:14) invirtiendo tiempo precioso para ello (Ef. 5:16,17).
D. Extendernos adelante, a la perfección (Heb. 6:1).

Conclusión
A. No podemos ser perezosos con la Biblia y pretender ser aprobados delante de Dios.
B. El registro bíblico exalta el ejemplo de los diligentes en el estudio (cf. Hech. 17:11).

"No os dejéis engañar, de Dios nadie se burla; pues todo lo que el hombre siembre, eso también segará."

Gal. 6:7, LBLA

Introducción

A. El mundo está lleno de personas que quieren lograr una buena cosecha, pero que no están dispuestos en el presente a trabajar sembrando una semilla adecuada.

   1. La cosecha está en plena concordancia con la siembra previa (cf. Gen. 1:11,12).

   2. Todos cosechamos lo que sembramos.

B. Podemos hacer lo que queramos con nuestra vida, pero no podemos a la vez escoger las consecuencias de nuestros hechos. Esto último le corresponde a Dios.

C. Pablo advirtió a los santos en las iglesias de Galacia de la importancia de sembrar la semilla adecuada con el fin de recoger la cosecha deseada.

   1. Cuando les dijo que no se dejen engañar pues Dios jamás será objeto de nuestra burla, les advirtió de creer que podrían ser la excepción a la regla.

   2. Si deseamos obtener grandes recompensas celestiales, debemos sembrar "para el Espíritu" (Gal. 6:8; cf. 5:16,25).

D. En los primeros diez versículos de este capítulo, Pablo menciona tres ejemplos de cómo sembrar adecuadamente para recibir una cosecha de bendiciones.

I. La restauración de un hermano caído — **"Hermanos, aun si alguno es sorprendido en alguna falta, vosotros que sois espirituales, restauradlo en un espíritu de mansedumbre, mirándote a ti mismo, no sea que tú también seas tentado" (Gal. 6:1, LBLA).**

A. Esto es parte de la ley de Cristo (Gal. 6:2).

B. Alentarnos mutuamente es un deber entre los cristianos (Ef. 4:16; Heb. 3:13).

C. Debemos preocuparnos los unos por los otros (Sal. 142:4; 1 Tes. 5:11,14).

D. Somos "guarda" ("guardián") de nuestros hermanos (cf. Gen. 4:9).

II. El apoyo a los predicadores del Evangelio — "Y al que se le enseña la palabra, que comparta toda cosa buena con el que le enseña" (Gal. 6:6, LBLA).

A. "Así también ordenó el Señor que los que proclaman el evangelio, vivan del evangelio" (1 Cor. 9:14, LBLA).

B. El predicador del evangelio que recibe apoyo financiero adecuado, puede estar "entregado por entero a la predicación de la palabra" (Hech. 18:5) proporcionando un mayor beneficio espiritual a los santos (cf. 2 Cor. 11:8).

III. Estar ocupados en hacer el bien a todos — "No nos cansemos, pues, de hacer bien; porque a su tiempo segaremos, si no desmayamos. Así que, según tengamos oportunidad, hagamos bien a todos, y mayormente a los de la familia de la fe" (Gal. 6:9,10).

A. Haremos un esfuerzo individual cotidiano por servir a otros (Hech. 20:35).

B. Tal vez, un día nosotros necesitaremos de la ayuda de otros (cf. Luc. 6:38).

C. Dios bendice a los que siembran generosamente (2 Cor. 9:6,7).

1. La benevolencia ha de ser manifestada aún con los enemigos: "Al que te pida, dale; y al que desee pedirte prestado no le vuelvas la espalda" (Mat. 5:42, LBLA).

2. Considérese seriamente el mandamiento de Cristo en Lucas 6:32-36.

3. El egoísmo nos roba la benevolencia y generosidad que tanto necesitamos. Por tanto, *"no mirando cada uno de vosotros por lo que es suyo propio, sino cada uno también por lo que es de los demás"* (Fil. 2:4, VM).

Conclusión

A. Debemos asegurarnos de vivir en orden, teniendo las cosas espirituales en primer lugar (Mat. 6:33).

B. Los intereses egoístas pueden parecer rentables a corto plazo, pero a largo plazo nos defraudarán (cf. Mat. 16:25).

Un Camino en la Voluntad de Dios
Romanos 1:10

Introducción
A. ¿Cuál es la voluntad de Dios para mi vida?
   1. Toda persona devota ha hecho alguna pregunta semejante.
   2. Esto involucra cosas tales como, dónde vivir, qué estudiar, etc.
B. El apóstol Pablo mencionó su deseo de vivir en armonía con la voluntad de Dios (Hech. 24:14)
   1. Mientras hacía planes para ver a sus hermanos en Roma (cf. Hech. 23:11).
   2. Y oraba respecto a tales planes (Rom. 1:9,10)
C. Plan de estudio
   1. Reconociendo las facetas de la voluntad de Dios.
   2. Buscando la voluntad de Dios.

I. Facetas de la voluntad de Dios
A. Voluntad revelada
   1. Dios ha revelado su voluntad en muchos aspectos (1 Tes. 5:18; 1 Ped. 2:15).
   2. Esto lo ha hecho por revelación
      a. Por medio de profetas (Heb. 1:1)
      b. Por medio de su Hijo (Heb. 1:2)
         (1) El Espíritu Santo guio a los apóstoles de Cristo (Jn. 16:12,13; 1 Cor. 14:36,37)
         (2) Debemos sujetarnos a esta voluntad (Mat. 7:21; 28:20)
         (3) En fin, esta voluntad está escrita (2 Tim. 3:16,17).
B. Voluntad providencial
   1. Dios obra providencialmente en nuestras vidas (Rom. 1:10; 15:32).
   2. Por lo cual, debemos orar respecto a nuestros planes (cf. Sant. 4:13-15).

3. Nuestras solicitudes serán respondidas si se ajustan a la voluntad de Dios (1 Jn. 5:14).

C. Voluntad permisiva

    1. Acciones se realizan que no están conformes a la voluntad revelada de Dios.

        a. Dios no está contento con la maldad (Hech. 17:30,31)

        b. Dios cumple sus propósitos a pesar de la rebelión (Is. 10:5-7)

    2. Acciones indiferentes en sí, amorales por naturaleza, se ejecutan

        a. Comidas y días (Rom. 14:5,6).

        b. Decisiones cotidianas diversas.

II. Buscando la voluntad de Dios

A. Enfocándonos en su voluntad revelada

    1. Estudiar diligentemente, y meditar en ello (cf. Jos. 1:8; Sal. 1:1-3)

    2. Si alguno no es diligente en conocer la voluntad revelada de Dios, ¿cómo querría saber algo acerca de su voluntad providencial?

B. Buscando asesoramiento

    1. Discutir las alternativas con cristianos maduros (cf. Prov. 11:14; 12:15).

    2. Consultar la sabiduría bíblica de libros como Proverbios y Eclesiastés.

C. Pidiendo sabiduría

    1. Orar con diligencia para discernir (Sant. 1:5-8)

    2. La sabiduría es la percepción espiritual que permite evaluar situaciones claramente, y ayuda a usar prudentemente las opciones y habilidades que se poseen.

D. Comprometiendo el curso de acción al Señor

    1. Que se haga su voluntad, y él enderece nuestros pies en sus caminos (Sal. 37:3-6,23).

    2. Dejar que Dios abra la puerta, o la cierre, si es su voluntad (cf. Apoc. 3:7,8; Sant. 4:15).

E. Cosas que recordar
   1. Dios no es como un tren; él puede correr en más de un carril a la vez.
   2. Dios puede usarnos de muchas maneras diferentes.
   3. Las elecciones de uno no deben enfocarse solamente entre lo bueno y lo malo, sino entre lo bueno, lo malo y lo mejor.
   4. Si no necesita elegir de inmediato, espere; esto dará tiempo para la oración y la sabiduría.
   5. Lo que debe hacer hoy, hágalo con toda diligencia.

Conclusión

A. Nuestro deseo primordial es permanecer "*firmes, perfectos y completos en todo lo que Dios quiere*" (Col. 4:12).
B. Cristo nos enseña
   A. "*Hágase tu voluntad*" (Mat. 6:10)
   B. "*No sea como yo quiero, sino como tú*" (Mat. 26:39-42).

Una Caña Sacudida
con el Viento

Introducción

A. En Mateo 11 leemos que los discípulos de Juan preguntaron a Cristo, "*¿Eres tú aquel que había de venir, o esperaremos a otro?*" (Mat. 11:3).
   1. Cuando tengamos dudas sobre religión, ¿a quién debemos ir?
   2. Pero, ¿qué hace la mayoría?
B. La respuesta de Cristo (Mat. 11:4-6).
   1. Para hacerles pensar, llegar por sí mismos a la verdad.
   2. No hay aprendizaje en lanzar datos.
C. La opinión de Cristo sobre Juan (Mat. 11:7; cf. Luc. 3:7-14; Mar. 6:17-20).

I. ¿Qué clase de persona somos frente al viento del diablo?

A. El viento de Satanás sopla fuerte (cf. Mat. 13:20-22; 1 Ped. 4:12)
B. Ejemplos de actualidad:
   1. Presión social por aceptar la homosexualidad.
   2. Falta de convicción de llamados "cristianos".
   3. Rebeldía de llamados "cristianos".
   4. Familiares del denominacionalismo.
   5. Cónyuge inconverso.
   6. Problemas económicos.
   7. Ambición desmedida, desordenada.

II. La opinión de Cristo (no hay opinión más importante).

A. Lo que dijo de Juan (Mat. 11:7-14).
B. Otras opiniones que expresó (Mat. 8:10; 15:28; Jn. 17:6).
C. Pero, ¿qué opina Cristo de mí?

Conclusión

A. ¿Qué haremos? ¿Seremos sacudidos por el viento mundano e infiel, o seguiremos el ejemplo de Juan el bautizador?

B. Que estemos firmes en nuestra convicción de Jesucristo como Señor, y su ley como la única verdad libertadora (Jn. 8:24; 16:13; 17:17; Hech. 4:12; Col. 3:16).

C. El viento sopla fuerte, y podemos oír el silbido que dobla las cañas.

D. Cada cual recibirá según sus obras.

E. Dios recompensará a los fieles.

F. La opinión de Cristo puede cambiar, si nosotros cambiamos. Hoy podemos comenzar de nuevo.

Una Fe que Mueve
Montañas

Introducción
A. Leer y explicar Mateo 17:14-21
B. La respuesta de Cristo (Mat. 17:20) ¿Qué significó? ¿Cómo se aplica?

I. Ideas falsas respecto al "creyente" y la "fe"
A. Todo lo que se considere "fe" puede mover montañas, haciendo posible cualquier cosa.
B. Todo el que tenga alguna "fe" puede mover montañas, sin importar quien sea.
C. Cualquier cosa es posible, sin importar lo que se pida o para que se pida.

II. Dios es omnipotente
A. Por lo tanto:
   1. Puede hacer cualquier cosa que sea conforme a su naturaleza y propósitos (Mar. 10:27; Luc. 1:37).
   2. Con su palabra creo todo de la nada (Sal. 33:6,9; Gen. 1:1 y sig.).
   3. Puede hacer todas las cosas mucho más abundantemente de lo que pedimos o entendemos (Ef. 3:20).
   4. Todo es de él, por él y para él (Rom. 11:36).
B. Pero:
   1. Dios no responde a toda persona (1 Jn. 3:22; Jn. 9:31; Prov. 28:9)
   2. Dios no responde toda petición (1 Jn. 5:14; Jn. 15:16).
C. La enseñanza de Cristo:
   1. No se enfoca en lo que Dios podría hacer.
   2. No se enfoca en lo que nosotros podríamos hacer.
   3. Se enfoca en lo que debemos hacer confiando en lo que Dios ha dicho que se haga.

III. Explicación y aplicaciones
A. Los discípulos no pudieron expulsar el demonio:
1. Fueron reprendidos por su falta de fe (Mat. 17:20).
2. Habían sido instruidos y capacitados por la palabra de Cristo (cf. Mat. 8:8-10; 10:8).
3. Debieron tener fe (Rom. 10:17; Heb. 11:1). Eran capaces de hacer lo que el Señor les dijo que hicieran.
B. Debemos creer que Dios:
1. Cumplirá sus promesas (ej. Mat. 6:31-33).
2. Actuará conforme a su revelada voluntad (ej. Rom. 12:11; 1 Tes. 4:10-12).
C. Debemos saber que Dios:
1. No puede ser manipulado.
2. No premia la codicia de un corazón mundano (Sant. 4:2-4).
3. No bendice la soberbia y la jactancia (Sant. 4:13-17).

Conclusión
A. Vivir por fe (2 Cor. 5:7) es aprobar voluntad de Dios y vivir por ella. Creer lo que la palabra de Dios afirma que podemos esperar y hacer, y pedir conforme a ésta voluntad.
B. Podemos "mover montañas":
1. Ser salvos (Mar. 16:16; Hech. 2:38).
2. Vencer el pecado (1 Cor. 10:13; Jn. 8:11; 1 Jn. 2:1; 3:6)
3. Superar las pruebas (Fil. 4:13; 2 Cor. 12:9).

Una Oración por
Crecimiento Espiritual
Colosenses 1:9-14

Introducción
A. Colosenses es una de las cuatro epístolas de la prisión. Ligada a la epístola a Filemón, quien era miembro de Colosas.
   1. La fecha de su escritura es aproximadamente 62-63 D.C.
   2. El portador de la carta es Tíquico (4:7).
B. La iglesia en Colosas
   1. Pablo nunca la había visitado (2:1).
   2. Colosas estaba en el país antiguo de Frigia (cf. Hech. 2:10; 16:16; 18:23).
   3. "Así continuó por espacio de dos años, de manera que todos los que habitaban en Asia, judíos y griegos, oyeron la palabra del Señor Jesús" (Hech. 19:10).
   4. Aprendieron el evangelio de Epafras (1:6,7).
   5. Epafras había trabajado también en Laodicea y en Hierápolis (4:13).
   6. Epafras aún estaba interesado en la obra en Colosas cuando Pablo escribió (1:7; 4:12,13).
   7. Estaba compuesta mayormente de gentiles (1:21,27; 3:5-7).
   8. Estaba afectada por doctrina falsa.
   9. Epafras había visitado a Pablo en Roma y le había contado de la situación de la iglesia en Colosas (1:7-9).
C. Bosquejo De La Carta
   1. Introducción (1:1-8)
   2. Sección doctrinal: La preeminencia de Cristo (1:9-2:7).
   3. Sección polémica: Cristo es la respuesta a la doctrina falsa (2:8-23).
   4. Sección práctica: Cristo es la base de la vida nueva (3:1-4:6).
   5. Conclusión (4:7-18).
D. Tema de la epístola: La preeminencia de Cristo (1:18).
E. La preocupación de Pablo por las iglesias se manifiesta en sus continuas oraciones por ellas.

1. ¿Ora usted de esta manera por sus hermanos en Cristo?
2. No hay duda de que el éxito de la obra de Cristo por medio de Pablo se debió a sus oraciones por individuos y congregaciones. No fueron oraciones generales sino que hacía intercesión por estos cristianos con PETICIONES ESPECIFICAS conforme a sus necesidades.

I. Había falsa doctrina entre los colosenses
A. Era engañosa (2:4).
B. Era una filosofía (2:8).
C. Estaba basada en tradiciones humanas (2:8).
D. Hacía de la verdad de Dios en un sistema de reglamentos. Hizo externa la piedad (2:20).
E. Ese espíritu legalista exigió ciertas prácticas con referencia a comidas y bebidas (2:16,21).
F. Exigió la observación de días especiales (2:16).
G. Ascetismo (2:23).
H. Exigió la circuncisión (2:11).
I. La adoración de ángeles (2:18).
J. Básicamente negó que Cristo Jesús es Supremo y Adecuado en todo (1:15,19; 2:2,9).
K. Un espíritu de superioridad (1:21,28).
L. La inmoralidad (3:1-17).

II. Cinco peticiones en las oraciones de Pablo por el crecimiento espiritual de los colosenses
A. El conocimiento de la voluntad de Dios (1:9)
B. Andar como es digno (1:10)
C. Llevar fruto (1:10)
D. Crecer en el conocimiento de Dios (1:10).
E. Ser fortalecidos con poder (1:11).

Conclusión
A. La oración de Pablo por los colosenses tenía un propósito práctico, conforme a la vida en Cristo.
B. Ellos debía crecer, y al crecer disfrutarías de nuevas bendiciones.

C. El resultado de ser fortalecidos en este crecimiento es evidente (1:11,12).

Usando la Casa en el
Servicio a Cristo

Introducción
A. El libro Hechos está lleno de ejemplos dignos de ser imitados.
  1. Recordamos que esto es patrón para nosotros.
  2. He aquí normas cristianas de la doctrina de los apóstoles (cf. Mat. 28:20; Hech. 2:42).
B. Uno de estos ejemplos es el uso que los primeros cristianos hicieron de sus casas.
C. No podemos negar que el uso de sus casas contribuyó al éxito en la obra que realizaron.

I. El uso de la casa por la iglesia primitiva
A. Varios ejemplos:
  1. La iglesia en Jerusalén (Hech. 2:46; 5:42; 12:5,12).
  2. Aquila y Priscila (Rom. 16:3-5; 1 Cor. 16:19).
  3. Filemón (Flm. 1:1,2).
  4. Pablo usó hogares en su ministerio (Hech. 20:20; 28:30,31).
B. El uso de las casas comenzó a declinar.
  1. Sabemos que edificios para iglesias se construían en el siglo II, y no podemos negar que antes no hubiese sucedido.
  2. El golpe letal ocurrió con la "conversión" de Constantino (312 D.C.).
    a. El cristianismo llegó a ser la religión del imperio.
    b. Los templos paganos llegaron a ser usados como lugares de reunión.
    c. La actividad religiosa comenzó a centrarse en el edificio.
    d. El compañerismo cristiano comenzó a disminuir, y surgieron el ascetismo y el monasticismo.
    e. Poco tiempo pasó para que la gente llegara a creer que el edificio era la iglesia.

II. El uso de la casa en el servicio a Cristo

A. Las reuniones de la iglesia son necesarias tal como diseñadas por Dios para la adoración y la mutua edificación (1 Cor. 14:23; Heb. 10:25), pero están limitadas:
   1. Tiempo: Pocas horas a la semana.
   2. Interacción: Pocos minutos para saludar y despedirse, para informarse y conversar.
   3. Espacio: Ambiente formal.
   4. Horario: Determinado al plan de la iglesia.
   5. Alcance: Discurso general y público.
B. El uso de la casa tiene un amplio alcance:
   1. Tiempo: Más tiempo durante la semana.
   2. Interacción: Soltura y amplitud para conversar.
   3. Espacio: Ambiente informal para conocerse y ganar confianza.
   4. Horario: Flexibilidad para coordinar diversas reuniones y alcanzar a los perdidos.
   5. Alcance: Diálogo personalizado.

Conclusión

A. Se nos manda a practicar la hospitalidad (1 Ped. 4:9,10).
   1. La hospitalidad es una avenida de dos sentidos: Visitar y recibir.
   2. También debemos asistir a quienes tienen necesidades especiales: "religión pura y sin mácula" (Sant. 1:27).
B. Podemos usar el hogar para:
   1. Compañerismo social, compartir momentos amenos juntos, conocernos mejor.
   2. Estudios bíblicos personalizados.
   3. Reuniones especiales.
   4. Apoyar la obra usando la casa, como Aquila y Priscila.
C. La vida cristiana debe extenderse:
   1. Más allá de los muros del edificio de reuniones.
   2. Más allá de las pocas horas semanales de culto público.

Made in the USA
Columbia, SC
29 July 2024